韩玉 徐涵 —— 编著

高层次学徒制实施指南

中国青年出版社

图书在版编目（CIP）数据

高层次学徒制实施指南 / 韩玉 , 徐涵编著 . -- 北京：中国青年出版社 , 2025. 1. -- ISBN 978-7-5153-7529-8

I. G649.21-62

中国国家版本馆 CIP 数据核字第 2024AV0834 号

中国青年出版社 出版 发行

高层次学徒制实施指南

韩玉 徐涵 编著

出版统筹：尚莹莹
责任编辑：白芸
责任印刷：金鹏
装帧设计：郝强
出版发行：中国青年出版社
社　　址：北京市东城区东四十二条 21 号
编辑中心：010-57350352
印　　装：中煤（北京）印务有限公司
开　　本：710mm×1000mm　1/16
印　　张：17.75
字　　数：230 千字
版　　次：2025 年 1 月北京第 1 版
印　　次：2025 年 1 月北京第 1 次印刷
定　　价：68.00 元

如有印装质量问题，请凭购书发票与质检部联系调换

联系电话：(010) 57350337

引 言

2020年,中共中央、国务院印发了《深化新时代教育评价改革总体方案》,提出探索具有中国特色高层次学徒制的改革任务,辽宁省按照国家相关战略部署要求在全国率先开展了高层次学徒制试点工作。高层次学徒制是中国特色学徒制的重要组成部分,新时代新征程,培育和发展新质生产力,促进技术革命性突破和产业结构转型升级,迫切需要发挥高校举办高层次学徒制的优势,促进大学生高质量充分就业,缓解企业高技能人才紧缺问题。

为了规范稳妥推动高层次学徒制,辽宁省职业教育研究院在理性借鉴国外高层次学徒制经验基础上,归纳分析中国特色学徒制和卓越工程师培养的基本理论及实践经验,结合我国国情,编制了《高层次学徒制实施指南》。本指南首先基于SWOT分析,对我国高等教育阶段开展高层次学徒制的必要性、可行性进行全面、客观分析,然后基于国内外高层次学徒制、现代学徒制试点以及卓越工程师教育培养计划、现场工程师专项培养计划实施的宝贵经验,重点从方法论层面阐释了高层次学徒制的专业遴选标准、企业遴选标准、校企合作联合培养机制、人才培养方案制订、教学组织与实施、工作本位学习、双导师教师队伍建设、实习实训基地建设与管理、质量保障、高层次学徒制专业与普通应用型本科专业人才培养方案比较等问题,提供高层次学徒制的个案。

本指南共 12 章,由徐涵负责整体研究思路设计。第一章作者韩玉、程泽嬴,第二、第三、第四章作者蒋春洋、韩玉,第五章作者徐涵、韩天骄,第六章作者张淼、韩玉、韩天骄,第七章作者韩玉,第八章作者王世铎、田铁杰、吉日吉玛,第九章作者韩玉、衣明、田铁杰、吉日吉玛,第十章作者韩玉、王思雨、贾宏菲,第十一章作者杨科举、田铁杰、吕国圆,第十二章作者徐世峰、杜雪梅、肖尧、张丽娜、王新、马岩尉、王艳彪等。此外樊凯悦、张奥、纪冬雪、苏鹤涵、王雪洁参与本书的编写与文稿校对工作。本指南系国家社会科学基金"十四五"规划 2021 年度教育学一般课题"隐性知识共享视野下职业教育师徒制技能传承研究"(课题编号:BJA210098)的阶段性研究成果,在撰写中得到了辽宁省高层次学徒制专家组部分专家的指导,获得了沈阳航空航天大学、大连东软信息学院和沈阳工学院等高校的大力支持,在此深表感谢!

由于编者水平有限,编写时间仓促,书中难免存在一些缺点和不足,敬请专家和读者批评指正。

沈阳师范大学　辽宁省职业教育研究院
2024 年 6 月 18 日于沈阳

序　言

习近平总书记指出,"大国工匠是我们中华民族大厦的基石、栋梁。"新时代新征程,加快发展新质生产力、以科技创新推动产业创新,需要一代又一代人不断的技术技能传承与创新。在本科教育阶段开展高层次学徒制,通过"传帮带"方式传之经验,教其方法,辅以捷径,是培养高素质技术技能人才的一种有效路径。

"山以遂其材,工匠以为其器",时代不同,技术技能人才培养的"传帮带"要求也不同,新时代的"传帮带"既要保持技能传承的优势,更要技术创新。传统的"传"主要指传授、传承师傅高超的手艺和绝活儿,新时代的"传"既要保持技能传承的优势,更要不断创新技术。同时,针对新一代大学生缺乏劳动经验、企业工作经历的实际,传播劳模精神、劳动精神、工匠精神和工作经验,使之虚心拜师学艺,发扬特别能吃苦、特别能攻关、特别能奉献的精神,涵养崇高的品德。传统的"帮"主要是帮助、指导,在思想上、理念上以及实际工作中示范,排忧愁、解困难,新时代的"帮"侧重以实际问题为导向,师生共同发现问题,师傅引领攻坚克难解决问题。同时,针对新一代大学生耐挫力不强、职业选择存在偏见的实际,帮助做好职业生涯规划，树立干一行爱一行，专一行精一行的工作态度。传统的"带"指带领练技能，使之更符合企业的需要，对企业更为忠诚，新时代的"带"指带领、带动技术技能创新、出成果。

从传统的"传帮带"到现代的"传帮带"，迫切需要学校坚持立德树人，树立新的育人理念，不断创新教与学的方式方法，为党育人，为国育才，通过高层次学徒制成就更多在技能成长、创新攻关中耐得住寂寞、脚踏实地、刻苦钻研，勇攀技术技能高峰的"大国工匠"。

签名：洪家光

2024年12月4日于沈阳

目 录

引言 ……………………………………………………………………… I

序言 ……………………………………………………………………… III

第一章 高层次学徒制的SWOT分析 …………………………… 001
  一、相关概念解析 / 002
  二、实施高层次学徒制的内部因素 / 005
  三、实施高层次学徒制的外部因素 / 008
  四、实施高层次学徒制的策略 / 012

第二章 专业遴选标准 ………………………………………………… 019
  一、专业为学校主干专业 / 020
  二、专业就业前景好 / 021
  三、专业的技术性要求高 / 024
  四、具有一定的校企合作基础 / 026

第三章　企业遴选标准 ………………………………………… 028

一、技术技能人才需求稳定　／ 029

二、能够满足实习轮训的需求　／ 030

三、具有完善的企业师傅队伍建设体系　／ 031

四、具有健康优秀的企业文化　／ 036

第四章　校企合作联合培养机制 ……………………………… 038

一、签订、执行校企合作协议　／ 039

二、校企共同制订、实施招生与招工方案　／ 040

三、企业与学生（学徒）签订教育合同　／ 041

四、建立校企工作交流制度　／ 041

第五章　人才培养方案制订 …………………………………… 043

一、制订人才培养方案的基本原则　／ 043

二、制订人才培养方案的组织机构与人员素质要求　／ 045

三、制订人才培养方案的程序　／ 046

四、制订人才培养方案的技术与方法　／ 049

五、人才培养方案的主要内容与要求　／ 064

六、明确高层次学徒制所需的教学条件　／ 067

第六章　教学组织与实施 ……………………………………… 069

一、校企合作制订教学计划　／ 069

二、优化教学设计　／ 070

三、加强教材建设　／ 074

四、强化教学资源建设　／ 076

五、倡导实施以学生为主体的教学模式　/ 078

　　六、鼓励实施多维能力导向的学业质量评价　/ 092

第七章　工作本位学习 096

　　一、工作场所及学习时间　/ 096

　　二、学校和企业在工作本位学习中的权利与义务　/ 098

　　三、工作场所课程开发与要求　/ 100

　　四、工作场所学习系统及环境要求　/ 105

　　五、多维能力导向评估　/ 106

第八章　双导师师资队伍建设 109

　　一、双导师教师队伍要求　/ 110

　　二、双导师的权利、义务与责任　/ 111

　　三、双导师的选拔与培养　/ 117

　　四、双导师的考核与评价　/ 124

第九章　实习实训基地建设与管理 128

　　一、实习实训基地建设的原则　/ 128

　　二、实习实训基地的类型及功能　/ 131

　　三、实习实训基地的运行管理　/ 134

第十章　质量保障 139

　　一、高层次学徒制质量保障概述　/ 139

　　二、ADDIE 模型简介　/ 141

　　三、基于 ADDIE 模型强化高层次学徒制质量保障的必要性　/ 144

四、基于 ADDIE 模型构建高层次学徒制教学质量管理体系 / 146

　　五、完善高层次学徒制内部质量保障的举措 / 155

　　六、基于 ADDIE 模型完善高层次学徒制质量保障的优越性 / 166

第十一章　高层次学徒制专业与普通应用型本科专业人才培养方案比较分析 ……………………………………………… 170

　　一、高层次学徒制专业培养目标的职业面向更加注重服务岗位群 / 170

　　二、高层次学徒制更加注重围绕职业实践具体设计培养规格 / 171

　　三、高层次学徒制更加注重职业分析与专业能力标准 / 174

　　四、高层次学徒制更加注重合理的工学交替、知行合一 / 177

　　五、高层次学徒制专业课程体系更加注重大幅提高实践课程的比重 / 179

　　六、高层次学徒制教学条件更加注重对实践教学环节的支持 / 180

第十二章　高层次学徒制的个案 ……………………………………… 183

　　一、"基于数字工场的工学交替课内外一体化"人才培养模式 / 184

　　二、"一基二能多融合"岗位对接式人才培养模式 / 196

　　三、"实践链驱动的产学研用一体化"人才培养模式 / 207

附录

　　附录1　高层次学徒制工作流程示例 …………………………………… 214

　　附录2　职业学校学生岗位实习三方协议（示范文本）………………… 215

　　附录3　专业社会需求调查问卷模板 …………………………………… 225

　　附录4　职业分析模板 …………………………………………………… 240

　　附录5　人才培养方案模板 ……………………………………………… 242

　　附录6　教学设计模板 …………………………………………………… 253

附录 7　企业基本信息表 ·· 255

附录 8　企业培训计划 ·· 258

参考文献 ··· 259

　　一、中文文献　／259

　　二、外文文献　／269

第一章
高层次学徒制的 SWOT 分析

2020 年,中共中央、国务院印发《深化新时代教育评价改革总体方案》,首次提出"深化职普融通,探索具有中国特色的高层次学徒制"[①]。在我国通过政策性文件推动探索中国特色高层次学徒制之前,一些国家已经开始探索高层次学徒制,如英国的学位学徒制(Degree Apprenticeship)、美国的注册学徒制(Registered Apprenticeship)、意大利的高等学徒制(Higher Apprenticeship)、德国双元制高等职业学院和大学(Berufsakademie and Duale Hochschule)、欧盟高质量学徒制等。高层次学徒制是一个新概念,目前我国在理论上仅对高层次学徒制实现机制、国际经验以及人才培养模式的构成要素与基本特征等基本理论进行了初步探讨,对本土化实践缺乏系统研究。按照我国现代学徒制试点先行、全面推广的实施方式,目前国内已有开展高层次学徒制试点的先例,2021 年 1 月 5 日《教育部 天津市人民政

---

① 中共中央,国务院.深化新时代教育评价改革总体方案[EB/OL].(2020-10-13)[2022-11-16].https://www.gov.cn/zhengce/2020-10/13/content_5551032.htm.

府关于深化产教城融合打造新时代职业教育创新发展标杆的意见》（津政发〔2021〕1号）提出"支持应用型本科高校、职业学校与国外高水平应用技术大学合作办学，在现有学位制度内探索高层次学徒制试点"[①]。同时，部分高校在国家现场工程师教育培养计划引导下，通过本科层次职业学校实施高层次学徒制。高层次学徒制迫切需要理论解释和回答，利用态势分析法（也称SWOT分析法），对我国高等教育开展高层次学徒制的优势（Strengths）、弱点（Weaknesses）、机会（Opportunities）和威胁（Threats）进行全面、客观分析，有利于探索我国开展高层次学徒制的战略。

一、相关概念解析

高层次学徒制是中国特色学徒制体系的必要组成部分，是中国特色学徒制不断发展完善的结果。开展高层次学徒制，首先要理解高层次学徒制的内涵及其与中国特色学徒制的关系。

（一）现代学徒制概念的几种理解

我国对"现代学徒制"这一概念有三种理解，即"模式说""制度说"和"综合说"。"模式说"认为现代学徒制是一种职业教育模式，如徐国庆教授认为"现代学徒制是传统的学徒训练与现代学校教育相结合，实现校企双主体协同育人的一种现代职业教育模式"[②]。或是一种人才培养模式，如李梦卿教

[①] 教育部，天津市人民政府.教育部 天津市人民政府关于深化产教城融合打造新时代职业教育创新发展标杆的意见［EB/OL］.（2022-10-07）［2021-12-31］.https://www.tj.gov.cn/zwgk/szfwj/tjsrmzf/202112/t20211231_5768417.html.

[②] 徐国庆.我国职业教育现代学徒制构建中的关键问题［J］.华东师范大学学报（教育科学版），2017（1）：30-38+117.

授等认为"现代学徒制是以学校教育与企业培训的紧密结合为典型特征的现代技术技能人才培养模式"[①]。"制度说"认为现代学徒制是一种以产教融合为特点的职业教育制度，或者是一种制度化的职业教育类型，如赵志群教授等认为"现代学徒制是将传统的学徒培训与现代学校教育相结合的合作教育制度"[②]。"综合说"综合了前两种观点，把现代学徒制定义为培养现代工业与服务业中技术技能人才的学习方式、人才培养模式和人才培养制度。[③] 本研究按照"模式说"的理解，将高层次学徒制视为一种典型的技术技能人才培养模式，该模式的构建和运行需要相关制度及制度文化保障，因此，制度也是本研究论及的一个重要内容。

（二）高层次学徒制

理解高层次学徒制，关键在于"高层次"。"高层次"是相对于一般中国特色学徒制而言的，具体体现在：一是生源质量及学历层次高。高层次学徒制面向本科层次职业教育及以上学历层次的教育，培养对象一般是高校已经录取的大学生，通常还要经过学校和企业遴选合格后，才能作为高层次学徒制的培养对象。二是培养目标要求高。我国目前已建立了技能人才的"新八级"职业技能等级制度，与职业技能等级制度变化相适应，高层次学徒制人才培养的规格要求、职业面向均高于一般学徒制。三是就业质量高。高层次学徒制的学生不仅毕业就能高质量就业，而且具有很强的职业生涯可持续发展能力，能够随着未来职业世界的变化能动地提升自身的技术技能水平。

---

① 李梦卿，刘俏楚.现代学徒制人才培养的基本诉求、价值向度与推进策略[J].职教论坛，2018（6）：43-49.
② 赵志群，陈俊兰.现代学徒制建设：现代职业教育制度的重要补充[J].北京社会科学，2014（1）：28-32.
③ 徐国庆.我国职业教育现代学徒制构建中的关键问题[J].华东师范大学学报（教育科学版），2017（1）：30-38+117.

高层次学徒制是中国特色学徒制的重要组成部分，"中国特色"是我国理性借鉴他国高层次学徒制的经验，在不断探索中国特色学徒制的实践中凝练而成的，并渗透在人才培养模式的各个要素中。从人才培养角度看，高层次学徒制的"中国特色"，至少包含如下几方面。第一，人才培养目标的"中国特色"。开展高层次学徒制，必须贯彻落实立德树人根本任务。高层次学徒制作为一种培养模式，首先涉及培养什么样的人的问题，并体现在人才培养目标中。一方面是人才培养目标定位要体现人才培养的方向性。按照国家的教育方针与政策要求，坚持为党育人、为国育才，关注思想政治教育。另一方面是培养规格注重德智体美劳全面发展。高层次学徒制是高等教育的一种人才培养模式，既要体现高等教育的专业性与通识性，同时又要实现高层次学徒制促进高质量就业的目的。因此，高层次学徒制在培养规格上具有特殊性。不同于一般的高等教育，注重培育劳模精神、劳动精神和工匠精神；不同于一般的现代中国特色学徒制，注重促进个体职业生涯可持续发展。第二，校企合作的"中国特色"。按照现代学徒制"模式说"理解高层次学徒制，它既是一种办学模式，也是一种人才培养模式。学校和企业既可以是办学主体，又是人才培养主体，企业是育人主体的角色决定校企要构建联合培养机制，按照中国特色学徒制工学交替的教学组织方式规范实施教学，学校和企业可以根据自身需要，灵活化工学交替形式，使企业全方位、全过程参与人才培养。故而，我国的校企合作特色是企业对人才培养过程中的工学交替规范且灵活参与。第三，课程与教学的"中国特色"。课程与教学是高层次学徒制的核心要素。高层次学徒制培养目标的"中国特色"决定其课程与教学也要体现"中国特色"。高等教育的逻辑起点是高深知识的学习，高校按照立德树人根本任务的要求构建课程体系，体现高等教育阶段高深知识学习的完整性和系统性的特点，同时还要体现中国特色学徒制课程的实践性和应用性特点，注重培育实践能力和应用能力，有机融入思想政治教育和劳模精神、劳动精神、工匠精神培育的相关内容。在教学中，按照我国现代学徒制形成的校企共同育人的经验，采用师带徒教学模式、项目教学法等教学策略开展教学，实施双导师制度。第四，人才培养评价的"中国特色"。人才培养模式除了要明确培养什么样的人、如何培养人之外，更重要的是人才培养得怎么样。高层次学徒制人才培养评价的"中国特色"主要体现在评价标准上。评价标准确立的主要依据是我国的学徒制标准，为了培养国际化高素质技术技能人才，我国以国际学徒制标准为基础，根据本国的人才分类、行业标准、职业标准、专业目录等培养标准，开发由学徒标准、专业与合作企业遴选标准、专业教学标准、课程标准、实习实训条件建设标准、工作场所学习标准和质量保障标准等系列标准构成的培养标准，进而高层次学徒制本土化后才能真正解决本国企业高素质技术技能人才短缺问题，真正服务于经济社会发展。第五，治理体系的"中国特色"。中国特色学徒制治理的特殊性体现为"依附性的双主体性，结构化的灵活性，相关要素中的政府主导"[①]。政府主导是高层次学徒制治理体系的"中国特色"，中国特色高层次学徒制要构建"政府主导、行业指导、校企共育、社会支持"的治理体系。

二、实施高层次学徒制的内部因素

（一）内部优势

1. 高层次学徒制生发于我国现代学徒制的本土探索

现代学徒制兴起于西方国家，21世纪初引入我国职业教育。依据国家通过政策性文件推动实施现代学徒制的时间，我国现代学徒制的实施经历了

---

① 刘育锋.中国特色学徒制探索［J］.中国职业技术教育，2021（12）：87-93.

试点提出阶段（2010—2014 年）、试点实施阶段（2015—2018 年）和总结推广全面实施阶段（2019 年至今）。教育部前后分三批共遴选 562 家中高职学校及企业单位实施国家级现代学徒制，试点学校在反复实践中生成了现代学徒制的中国经验。建立了职业院校与企业招生招工一体化制度，健全了双导师的选拔、培养、考核、激励制度，建设了虚拟仿真实训基地、技能大师工作室、创业中心等有利于技术技能传承的产教融合实习实训基地，开发了一些优质活页式、工作手册式教材，落实了企业参与的激励机制、支持性政策等。在现代学徒制的实践中不断探索其理论，形成了"理论—实践—再理论—再实践"的螺旋式上升过程，现代学徒制的理论研究日趋丰富。现代学徒制的理论研究和由试点开始到全面推广的实践探索，为现阶段探索高层次学徒制，构建前后衔接、上下贯通的中国特色学徒制体系奠定了理论与实践基础。

2. 高层次学徒制是解决企业高技能人才短缺问题的有效途径

进入新时代，党和国家基于国际国内发展环境和我国紧迫的发展任务，以及行业企业高素质技术技能人才短缺的实际需要，出台系列政策推动探索中国特色学徒制，目前现代学徒制已经进入全面推广阶段。随着产业转型升级，现代学徒制在我国的本土化呈现类型多样化、层次逐渐高移化的趋势，主要包括现代学徒制、企业新型学徒制两种形式。当前，随着科技革命和产业变革速度不断加快，数智时代，我国产业不断转型升级迫切需要大批高学历层次的高素质技术技能人才，高层次学徒制的产生能够有力缓解企业高技能人才供应不足的问题。

3. 国内部分地区已经开展了高层次学徒制

辽宁省结合地方产业转型升级发展对高技能人才的实际需求，率先在地方开展了高层次学徒制试点。2021 年 6 月，辽宁省发布《关于开展中国特色高层次学徒制试点工作的通知》，遴选三所应用型本科高校的部分专业，开展高层次学徒制试点,总结分析辽宁个案的经验与问题,为我国因地制宜地推广高层次学徒制提供了有益经验。

(二)内部劣势

1. 高层次学徒制的认识误区

高层次学徒制在我国是舶来品,目前对高层次学徒制"高"在何处的理解还存在认识误区。一种观点认为,高层次学徒制简单等同于在"高"层次的职业教育中实施的人才培养模式。"高"层次的职业教育人才培养模式诸多,但并不是每一种人才培养模式都是高层次学徒制人才培养模式,况且任何一种培养模式的构建都不是一蹴而成的,高层次学徒制需要理性借鉴国际经验,更需要结合我国本土实践,进行系统的政策支持、行业企业参与、师资队伍打造、学徒标准体系开发、学徒认证体系构建。这种对"高"在何处的简单化理解,会导致高层次学徒制缺乏系统性、典型性。另一种观点认为,只有高层次学徒制是高质量的职业教育人才培养模式。将"高"误读为人才培养质量高,其根源在于不能客观全面理解人才培养的"高质量"的内涵,不能正确认识不同层次、类型教育人才培养的特殊性。

2. 高层次学徒制人才培养标准缺失

学徒标准是系统规范开展高层次学徒制的主要依据,也是衡量人才培养质量高低的标尺。当前,我国尚未建立专业化的学徒制标准,这制约了高层次学徒制的实施,具体体现在:第一,缺乏健全的学徒培养标准。标准是人才培养的依据,学徒标准缺失,培养单位无法依据标准建立健全学徒培养标准体系,高层次学徒制人才培养无规可依。第二,中等职业教育、高等职业教育的学徒标准不明确,无法以之为据健全高层次学徒制标准。各级各类学徒制人才培养标准不清晰,导致学徒制人才培养同质化、教育资源公平公正投入等问题得不到根本解决,社会对高层次学徒制认可度不高。

3. 高水平"双师型"教师短缺

高层次学徒制需要建立校企联合培养机制，其中双导师制度是关键，实施高层次学徒制，必然要建立一支高水平双导师队伍。目前我国高等教育缺乏"双师型"教师，一是本科层次职业教育尚处于试点阶段，高水平"双师型"教师匮乏。我国职教教师的职前教育主要培养中等职业学校师资，目前我国虽然通过系列政策推动高水平工科大学等高校和企业协同培育高层次职教教师，但培养主体缺乏参与意愿。二是应用型本科院校缺少"双师型"教师。教师转型是地方应用型本科院校高质量发展的重点，当前地方应用型本科院校在教师理念、教师教学和评价方法、产学合作等方面仍需加强。[①] 应用型本科院校教师的双师素质是制约我国应用型本科院校转型的一个重要影响因素，也是制约高层次学徒制双导师制度的关键因素。学校专任教师的实践能力相对薄弱，指导力不足，直接影响高层次学徒制的实施。

三、实施高层次学徒制的外部因素

（一）外部机会

1. 高技能人才的需求日益迫切

随着产业转型升级加快及人口数量与结构的变化，我国已经难以持续享受人口红利带来的劳动力资源优势，必须通过技术优化实现劳动密集型向技术密集型转化。通过实施高层次学徒制，有利于缓解高技能人才短缺问题。国家统计局公布的数据显示，2022年全国规模以上工业增加值同比增长

[①] 阙明坤.教师转型：应用型本科院校高质量发展的关键[J].中国高等教育，2022（23）：31-33.

3.6%，其中制造业增加值同比增长3%，高技术制造业增加值同比增长7.4%，高于制造业增加值增速4.4个百分点①，高技术制造业的增速发展对高技能人才的需求日益显现。2022年7月，中共中央办公厅、国务院办公厅印发《关于加强新时代高技能人才队伍建设的意见》（中办发〔2022〕58号）提出，"到'十四五'时期末，技能人才占就业人员的比例达到30%以上，高技能人才占技能人才的比例达到1/3，东部省份高技能人才占技能人才的比例达到35%。力争到2035年，高技能人才数量、结构与基本实现社会主义现代化的要求相适应。"②我国对高技能人才的需求日益增加，尤其是高附加值产业相关专业及新一代信息技术、高档数控机床和机器人、航空航天装备、海洋工程装备、先进轨道交通装备等与先进制造业和"中国制造2025"联系密切的十大领域。

2. 本科层次职业教育试点工作的推进

本科层次职业教育打破了高职专科作为高等职业教育最高学历的"天花板"，迫切需要探索典型的高层次技术技能人才培养模式。2019年，国务院印发的《国家职业教育改革实施方案》明确职业教育与普通教育具有同等重要地位，提出开展本科层次职业教育试点工作。中共中央办公厅、国务院办公厅印发的《关于推动现代职业教育高质量发展的意见》明确提出："到2025年职业本科教育招生规模不低于高等职业教育招生规模的10%。"③发展本科层次职业教育是推动现代职业教育高质量发展的重要举措。当前，国家通过《本科层次职业教育专业设置管理办法（试行）》《本科层次职业学校设

---

① 汪文正.2022年，全国规上工业增加值同比增长3.6%——工业经济回稳向好［EB/OL］.（2023-01-30）.http://www.gov.cn/xinwen/2023-01/30/content_5739125.htm.
② 中共中央办公厅，国务院办公厅.关于加强新时代高技能人才队伍建设的意见［EB/OL］.（2022-10-07）［2023-05-16］.http://www.gov.cn/zhengce/2022-10/07/content_5716030.htm.
③ 中共中央办公厅，国务院办公厅.关于推动现代职业教育高质量发展的意见［EB/OL］.（2021-10-12）［2023-05-16］.https://www.gov.cn/zhengce/2021-10/12/content_5642120.htm.

置标准（试行）》《职业教育专业目录（2021年）》《关于做好本科层次职业学校学士学位授予与授予工作的意见》等规范，推动完善本科层次职业教育人才培养制度建设，在一定程度上加速了本科层次职业教育开展高层次学徒制的实践。

3. 国家系列法律政策的推动

21世纪以来，我国通过法律、政策等制度推动中国特色学徒制的实施。2021年3月，《中华人民共和国国民经济和社会发展第十四个五年规划和2035年远景目标纲要》首次提出"探索中国特色学徒制，大力培养技术技能人才"①。《关于推动现代职业教育高质量发展的意见》进一步提出"强化职业教育类型特色，及时总结中国特色职业教育办学规律和制度模式，探索中国特色学徒制"②。2022年5月1日起正式实施的《中华人民共和国职业教育法》，首次以法律形式提出"国家推行中国特色学徒制，鼓励以工学结合的方式进行学徒培养"③。系列法律、政策为高层次学徒制的探索提供外部制度依据。

4. 高层次学徒制是国外高技能人才培养的典型模式

高层次学徒制在国外早已有之，世界上多个国家持续探索高层次学徒制人才培养模式。例如，英国实施与职业资格等级对应的"学位学徒制"（Degree Apprenticeship），学位学徒制对应国家资格的6—7级，分别对应学士和硕士两个学位层次；美国的"注册学徒制"（Registered Apprenticeship）衔

---

① 中华人民共和国中央人民政府.中华人民共和国国民经济和社会发展第十四个五年规划和2035年远景目标纲要[EB/OL].（2021-03-13）[2023-05-16].https://www.gov.cn/xinwen/2021-03/13/content_5592681.htm.

② 中共中央办公厅，国务院办公厅.关于推动现代职业教育高质量发展的意见[EB/OL].（2021-10-12）[2023-05-16].https://www.gov.cn/zhengce/2021-10/12/content_5642120.htm.

③ 全国人民代表大会常务委员会.中华人民共和国职业教育法[EB/OL].（2022-04-21）[2023-05-16].https://www.gov.cn/xinwen/2022-04/21/content_5686375.htm.

接学徒制与学历教育，由企业、社区学院、州立学徒制事务局和就业指导中心共同协作完成学徒培养，社区学院作为理论课程学习的主要教育机构，为修满理论课程学分及完成考核的学徒工授予副学士学位或学士学位；意大利实施"高等学徒制"（Higher Apprenticeship）项目，该项目要求学徒一方面参加学校组织的脱产培训，另一方面参加工作场所的正式或非正式在职培训，最终获得文凭、大学学位或高等教育资格证书；德国为应对职业教育高移现象，在扩充职业教育专科学校规模的同时，设置以"双元制"为特色的高等职业学院或大学（Duale Hochschule），如"双元制"应用型硕士项目，将大学学习与职业培训相结合。实施高层次学徒制是各国推动现代职业教育体系建设，缓解企业高技能人才供应不足的有效路径，国外高层次学徒制的探索，为我国实施高层次学徒制提供了重要参照。

（二）外部威胁

1. 社会认可度不高

当前，尽管国家通过法律政策加快发展现代职业教育，强调职业教育是一种与普通教育同等重要的类型教育，但仍然无法根本改变职业教育作为"低层次"教育的传统认识，影响了对高层次学徒制的认同，具体体现在：第一，传统的"学而优则仕"的思想影响社会对高层次学徒制的认同。在传统的"学而优则仕"的思想影响下，人们对高素质技术技能人才的社会价值及加快培养的重要性和迫切性还没有充分认识，进而会影响高层次学徒制的招生与就业工作。第二，中国特色学徒制中校企合作的弱化影响社会对高层次学徒制的认同。实施高层次学徒制，需要企业提供系统科学的实习实训以及企业师傅对学生的系统指导。如果校企合作弱化，企业就会过度重视企业工作场所的工作而忽略在边工作边学习过程中建构完整的知识结构，或者对人才培养的参与度低，消极影响人才培养质量。第三，技术技能人才在职业晋升中存在"天花板",影响社会对高层次学徒制的认同。2022年4月,人力资源和社会保障部印发《人力资源社会保障部关于健全完善新时代技能人才职业技能等级制度的意见(试行)》,虽然提出由学徒工、初级工、中级工、高级工、技师、高级技师、特级技师、首席技师构成的职业技能等级序列,但目前该举措还没有与技术技能人才的薪酬体系完全挂钩,直接影响对技术技能人才的社会认同。

2. "学历膨胀"现象影响高层次学徒制生源质量

生源是影响高层次学徒制的根源因素。目前影响高等教育生源质量的主要因素包括两方面。一是高等教育普及化影响本科层次职业教育实施高层次学徒制的生源质量。我国虽然已经开始发展本科层次职业教育,但学校和专业数量有限,本科层次职业教育是目前职业教育体系中学历层次最高的教育,学生进入职业教育体系后,考入高校进一步学习的机会相对较少,从获得本科及以上学历层次教育的机会看,考生更愿意选择普通高等学校,这就必然影响高层次学徒制招生。二是高等教育普及化影响应用型本科教育实施高层次学徒制的生源质量。随着高等教育普及化,越来越多的适龄青年产生进入高水平大学学习的意愿,大学扩招影响应用型本科生源质量。

四、实施高层次学徒制的策略

(一)增长型策略:发挥优势,把握机会

1. 加强相关理论研究与实践探索

高层次学徒制是中国特色学徒制体系的重要组成部分,从人才培养模式上看,高层次学徒制与中国特色学徒制既有共性又有差异性。实施高层次学徒制,迫切需要从理论和实践上丰富中国特色学徒制的探索,为高层次学徒

制提供实践依据。从系统科学的角度看，依据中国特色学徒制的经验系统实施高层次学徒制。一是要总结中国特色学徒制标准建设的经验，以标准为依据促进不同层次学徒制人才培养衔接。中国特色学徒制是高层次学徒制的基础，完善中国特色学徒制体系，需要总结中国特色学徒制标准构建的经验，进而基于该标准以及高层次学徒制人才培养要求，从目标、内容和评价上促进不同层次学徒制人才培养衔接，推动不同层次学徒制人才培养规范化。二是要总结中国特色学徒制人才培养模式构建的经验，据此构建高层次学徒制人才培养模式。人才培养模式中包含诸多要素，其构建涉及培养什么人、怎样培养人和为谁培养人这些基本问题。一方面，要借鉴中国特色学徒制人才培养模式构建的经验，从人才培养模式的构成要素出发，对人才培养模式的培养目标、培养内容、培养评价等构成要素进行系统分析，总结其特点，进而以之为据，有针对性地构建高层次学徒制人才培养模式。另一方面，人才培养模式的构建需要长时间的理论研究和实践探索，科学构建高层次学徒制人才培养模式，既要对中国特色学徒制人才培养模式构建的理论基础进行系统深入研究，确保高层次学徒制人才培养模式构建的科学性，又要总结我国现代学徒制试点的典型经验，发挥典型示范引领作用，破解高层次学徒制人才培养模式构建中的瓶颈问题，使高层次学徒制体现"中国特色"和"高层次"。

2. 理性借鉴他国经验

目前诸多国家已探索实施高层次学徒制，不同国家的高层次学徒制既有共性也有差异性，比较分析各国经验，归纳分析其共性和差异性，有利于在实施高层次学徒制的过程中体现中国特色。理性借鉴他国经验构建高层次学徒制，第一，先在本科层次职业教育中构建高层次学徒制。国外的高层次学徒制不仅在本科教育层次中实施，还涉及硕士和博士教育层次。针对我国本科层次职业教育和应用型本科教育发展现状，先在本科层次职业教育中实施，有利于构建"中职现代学徒制—高职现代学徒制—职业本科高层次学徒制"贯通的中国特色学徒制培养模式；在应用型本科教育中实施，有利于促进其转型发展，为进一步在硕士或博士教育层次开展高层次学徒制奠定基础。第二，从模式构建和运行两方面系统完善高层次学徒制。国外经验表明，构建、实施高层次学徒制，不仅要回答模式是什么样的，更重要的是回答模式怎样运行的问题，从制度和办学模式两个维度系统完善高层次学徒制，以便保障高层次学徒制良性运行。

（二）扭转型策略：抓住机会，避免劣势

1. 给予相应的制度支持

高层次学徒制的实施需要人力、物力和财力资源支持，健全高层次学徒制制度体系，有利于解决高层次学徒制运行中资源供给不足、管理效能不高等问题。目前，我国仅从政策层面提出高层次学徒制的宏观要求，高层次学徒制制度建设尚处于初步探索阶段。按照2022年新修订的《中华人民共和国职业教育法》的规定，完善高层次学徒制制度体系，一方面，建立健全国家和地方共同支持的高层次学徒制制度体系。我国职业教育"国家统筹""地方实施"的管理体制，决定国家和地方政府是高层次学徒制制度建设的主体，国家和地方协同完善高层次学徒制制度体系，有利于促进不同层级政府部门之间协同推动高层次学徒制，推动落实国家政策，体现高层次学徒制服务地方的特色。另一方面，通过制度解决高层次学徒制产教融合不深、校企合作不紧密的瓶颈问题。高层次学徒制是深化高等职业学校产教融合、校企合作的重要举措，高层次学徒制人才培养要求高于一般学徒制，迫切需要通过制度建设健全企业全过程深度参与人才培养的激励机制和约束机制，促进产教、校企紧密对接，提高人才培养质量。

2. 完善学徒标准及学徒培养标准

规范、科学推动实施高层次学徒制，必须发挥标准的基础和保障作用。

学徒标准体系是高层次学徒制的主要依据，实施高层次学徒制，当务之急是完善学徒标准和学徒培养标准，前者是后者的基础和依据。完善我国学徒制标准体系，为高层次学徒制提供依据，一要基于人才分类完善学徒标准。对我国高层次学徒制培养的高技能人才进行人才分类认定，结合本土实际，参照国际学徒标准完善我国的学徒能力标准体系，构建职业资格证书与职业教育学历证书、职业技能等级相互沟通的机制。二要基于学徒标准规范学校与企业的学徒培养标准。完善校企共同开发学徒培养标准制度，引导校企合作完善专业教学标准、实践性教学标准、课程标准、岗位实习标准、质量评价标准等人才培养标准，进而以标准为依据指导培养单位规范学徒培养的各个环节，高质量开展高层次学徒制的实践。

3. 建设高水平双导师队伍

双导师制是现代学徒制中国特色的体现，实施高层次学徒制，双导师队伍建设是关键，双导师制度建设是核心。建设高水平双导师队伍，有利于发挥双导师协同育人的作用，以教师为纽带促进校企双主体协同育人。建设高水平双导师队伍，一要提高双导师的数量和水平。国家目前已出台"双师型"教师认定基本标准，有力地推动完善"双师型"教师标准体系，为系统化"双师型"教师职前教育和职后培养提供依据。以标准为依据，我国应大力支持多元主体有效参与职教教师职前教育和职后培养，提高"双师型"教师数量，尤其是高层次"双师型"教师数量，解决高层次学徒制人才培养中高水平"双师型"教师数量不足的瓶颈问题。二要建立高层次学徒制双导师协同育人制度。双导师代表学校和企业两个培养主体，为促进双导师协同育人，校企双方要从学校教师和企业师傅的准入、培养、考核和激励等方面全面完善双导师制，通过制度建设，促进校企之间、导师之间、师生之间、生生之间积极有效互动，提升协同育人的效果。

（三）多样化策略：巧用优势，规避威胁

1. 形成特色人才培养模式

推动实施高层次学徒制的目的之一是服务区域经济社会发展和产业发展，校企建立联合培养机制，实施高层次学徒制，能够形成体现本区域、本校、本专业特点的高层次学徒制人才培养模式。第一，体现地方特色。为实现人才供给侧和需求侧对接，高层次学徒制要促进职业标准与课程内容对接，在职业分析环节，融入地方行业标准、合作企业标准，据此增强人才培养的适应性。因此，以标准为依据构建高层次人才培养模式，体现了地方特色。第二，体现本校、本专业特色。高校实施高层次学徒制，学校文化以及合作企业文化会影响专业文化的形成，并通过专业建设体现在人才培养过程中，形成人才培养特色。

2. 提升生源质量

高层次学徒制在高等教育阶段实施，必须通过招生制度、选拔制度等提升生源质量。一方面，要完善职教高考制度，为高层次学徒制在本科层次职业教育实施提供优质生源。职教高考制度是完善现代职业教育体系的主要手段之一，也是优化高层次学徒制的生源质量、提升高层次学徒制人才培养质量的重要手段。高层次学徒制致力于培养高技能人才，需要个体具备良好的普通文化素养和一定的技术技能基础，完善职教高考制度，按照技术技能人才培养的规律和高技能人才培养的要求，借助一定的现代技术手段，在入徒环节，通过选拔方式优化生源质量。另一方面，要完善中国特色学徒制贯通培养模式，选拔优秀学生优化生源结构。当前，我国已经进入全面实施现代学徒制阶段，学徒制是建立健全职业教育贯通人才培养体系的有效路径。通过统一考试、推荐制等方式，选拔优秀的高职毕业生作为培养对象，实现中国特色学徒制贯通培养，有利于确保高层次学徒制有充足、优质的生源。

3. 完善协同育人机制

在实践中完善行业企业全方位、全过程深度参与人才培养的校企协同育人机制，有利于从根本上解决高层次学徒制实施过程中行业企业参与度不高的瓶颈问题。建立健全校企联合培养机制，一方面，要健全行业企业全过程参与高层次学徒制人才培养的激励机制。高层次学徒制要求行业特别是企业全过程参与人才培养，国家和地方要建立健全行业企业参与学徒标准、学徒培养标准、课程体系、实习实训基地、师资队伍、质量保障等规定，通过财政资助、税收优惠、政府购买服务等扶持政策，激发企业深度参与探索高层次学徒制。另一方面，要完善行业企业参与高层次学徒制人才培养的约束机制。通过完善国家和地方职业教育法律法规、职业教育产教融合与校企合作制度，全面系统规范企业的工作场所学习，真正提高企业参与度。

（四）防御型策略：克服劣势，抵御威胁

1. 基于个体和社会认识改变人才培养刻板印象

撕毁学历至上的标签不是一朝一夕的事情，需要社会逐步改变学历至上的认识，改变学徒制人才培养的刻板印象。为此，第一，从技能型社会建设入手提高社会对技术技能人才培养重要性的认识。在技能型社会建设中，技术、技能岗位需求提升，对高技能人才的需求日益迫切，以培养高技能人才为目标的现代职业教育在人才供给上发挥关键作用。充分认识现代职业教育助力技能型社会构建的重要性，推动完善现代职业教育体系，必然要创新高技能人才培养模式，拓宽高技能人才宣传渠道和途径，提高人们对现代职业教育与高技能人才重要性的认识，提升高层次学徒制的吸引力。第二，加强职业生涯教育，促进社会对技术技能人才的认同。强化职业生涯指导的专业化建设，规范化普通教育和职业教育中的职业生涯教育，促进形成正确的择业观、就业观，有利于促进普职教育沟通，促进技术技能人才的社会认同。

2. 基于个体和社会需求优化高层次学徒制

高层次学徒制不仅要促进技术技能人才充分高质量就业，更要促进其职业生涯可持续发展，为体现高层次学徒制人才培养的"高层次"，增强其吸引力，一方面要注重以社会需求为导向遴选专业与合作企业，避免专业设置同质化或滞后化造成结构性就业矛盾。学校应调查了解本地区产业发展需求，积极主动与区域内发展前景好、具有一定经济实力和行业影响力的大中型企业合作，双方共同遴选服务于本地区产业发展的高层次学徒制专业，此外，还要对接职业标准、岗位标准等职业教育标准完善学徒培养标准，以标准为依据规范化人才培养，避免人才供需矛盾。另一方面要注重以个体需求为导向，满足个体个性发展和未来职业生涯可持续发展的需要。学校贯彻落实立德树人根本任务，科学客观地确定人才培养规模目标，提高人才培养的针对性和适应性，同时以目标为导向，优化课程、教学和评价等人才培养环节，乃至中国特色学徒制治理体系，通过全面管理提高人才培养质量，以便在双导师指导下更加努力学习，自觉成长为高技能人才。

第二章
专业遴选标准

专业是人才培养供给与需求的结合点，是影响高层次学徒制人才培养质量的关键点，并非所有的高等教育专业都适合实施高层次学徒制。现有的现代学徒制政策，如《教育部关于开展现代学徒制试点工作的意见》（教职成〔2014〕9号）《教育部办公厅等五部门关于实施职业教育现场工程师专项培养计划的通知》（教职成厅〔2022〕2号）等明确实施中国特色学徒制专业的产业领域。在满足政策要求基础上，举办高层次学徒制之前，高等学校和企业等多方利益相关者须从专业基础、就业前景、专业技术含量、校企合作基础等方面明确专业遴选标准。依据专业遴选标准选择有意愿、有能力举办高层次学徒制的专业，专业遴选标准的确立至少包含下列几个条件与要求。

一、专业为学校主干专业

（一）具有举办高层次学徒制的意愿

不同类型高校举办高层次学徒制，除了考虑企业的参与意愿外，学校、专业教师的意愿也十分重要。专业意愿是影响高层次学徒制人才培养质量的动力因素，具有较强的专业意愿，一是能够主动与企业合作，破解制度不健全的困惑。中国特色学徒制面临外部质量保障不健全、校企合作制度不健全等问题，造成产教融合、校企合作不深入。现有的学校自主进行制度建设的可供借鉴的经验少，需要专业发展主动性，在专业建设中结合实际，不断联系企业建立健全内部管理制度。二是能够主动与企业合作，破解人才培养中企业参与度不高的问题。高层次学徒制人才培养需要企业全过程参与，如学校和企业共建共管实习实训基地，共同评价教学质量，企业师傅和学校教师合作培养学生、科技创新和社会服务工作，等等。具有较强意愿的专业，会主动跟企业建立健全校企联合培养机制，不断拓展高层次学徒制产教融合、校企合作的深度和宽度，在探索中形成人才培养的经验。

（二）具有良好的办学基础

办学基础是指大学拥有的资源总量，包括人、财、物等各方面。在同等条件下，办学基础越好，越容易提高发展水平。[①] 举办高层次学徒制专业，需要具有良好的办学基础。首先，专业应是教育部认可的。高层次学徒制所遴选的专业必须是教育部公布的最新《职业教育专业目录》所列的高等职业教育本科专业，或是《普通高等学校本科专业备案和审批结果》中的专业，进而才能依据专业目录进行人才培养。其次，专业应具有一批

---

① 季俊杰.我国大学的"四因素"发展战略[J].现代教育管理，2010（6）：26-29.

高水平的双师素质结构教学团队教师。高层次学徒制实施双导师制度，要求教师队伍中具有一定比例的数量充足的能够胜任师带徒教学模式的高级职称专任教师、具有研究生学位尤其是博士研究生学位教师、"双师型"教师、兼职教师。第三，有稳定的、可持续使用的专业建设经费并逐年增加。在高层次学徒制人才培养过程中，工学交替教学组织方式要求学校有稳定的、数量充足的实习实训场所及设备设施，能够满足实践教学需要。比如，专业生均教学科研仪器设备值、校内外实习实训基地数量等。有稳定的、可持续使用的专业建设经费，就会与时俱进地进行数字化升级改造，满足产业不断转换升级的需要。

（三）生源充足

举办高层次学徒制的专业有充足的生源，通过招生获得高质量生源，确保学生有能力学习大学课程，合作企业通过学徒制获得高技能人才。大学尤其是应用型本科高校举办高层次学徒制专业，具有提高生源吸引力的优势，生源质量好、充足，也是企业愿意主动和高校合作双主体育人的一个重要原因。举办高层次学徒制专业招生计划完成率如果低于90%，新生报到率低于85%，说明专业生源不太充足。

二、专业就业前景好

现代学徒制带有明显的"需求引导"特征，直接体现了国家、社会、企业对劳动力的要求。[①] 现代学徒制的这一特征决定其优越性是促进充分就业。

---

① 关晶，石伟平."现代学徒制"为何国际上受青睐［N］.中国教育报，2014-09-29（6）.

国家中国特色学徒制政策中也提到"推动职业教育体系和劳动就业体系互动发展"等就业要求[①]，中国特色学徒制专业只有就业前景好，才能促进充分就业。

（一）近三年对口就业率

"专业对口"主要是指个体所从事的工作对各类知识、技能的实际需求与自己在学校等类似地方所学的专业知识、技能相匹配。[②] 企业参与现代学徒制的动机具有多样性和复杂性，但主要以人力资源导向动机和市场战略导向动机为主[③]，合作企业希望毕业生能够很快适应所在岗位的工作。专业对口就业是企业通过学徒制方式培养人才的利益诉求之一，满足合作企业的需求，举办高层次学徒制的专业一般要明确近三年专业对口就业率，以保证人才培养的稳定性。

（二）近三年就业率

毕业生就业率是指深造和就业毕业生数量占毕业生总数的比例，目前，我国已经进入高等教育普及化发展阶段，本科教育阶段举办高层次学徒制专业，不排除个别学生有继续学习的意愿，但高层次学徒制应促进大部分学生就业，补齐高层次技术技能人才短缺的短板。因此，举办高层次学徒制的专业近三年就业率一般要高于普通教育专业。

---

① 教育部.教育部关于开展现代学徒制试点工作的意见［EB/OL］.（2014-08-27）［2024-01-13］.http://www.moe.gov.cn/srcsite/A07/s7055/201408/t20140827_174583.html.
② 贺伟，龙立荣.大学毕业生专业对口就业指标体系的构建［J］.教育研究与实验，2009（1）：87-91.
③ 冉云芳，石伟平.企业参与现代学徒制：动机、行为与非货币化收益的关系研究［J］.华东师范大学学报（教育科学版），2023，41（1）：98-112.

（三）近三年本地就业率

《教育部关于开展现代学徒制试点工作的意见》（教职成〔2014〕9号）指出，"形成学校和企业联合招生、联合培养、一体化育人的长效机制"[①]。国家通过现代学徒制招工招生一体化制度促进青年学生本地就业，"招工招生一体化"是现代学徒制人才培养模式的一个基本特征。[②] 按照制度规定，职业院校完善招生录取与企业用工一体化的招生招工制度，与合作企业签订校企合作协议，学徒、学校和企业签订三方协议。学校为企业定制性培养人才，促进学生本地就业，提高本地就业率，对保障学生权益、解决地方合作企业招工难问题具有重要作用。

（四）毕业生具有广泛就业适应性

高层次学徒制是在本科及以上教育层次实施的一种现代学徒制人才培养模式，"高层次"的一种重要体现是培养目标相对要求高。[③] 高校贯彻落实立德树人根本任务，在进行高层次学徒制人才培养目标定位时，既要注重从人的全面发展角度确定人才培养规格，同时，还要避免过度关注功能与短期效用，促进人的可持续发展，满足个体职业生涯可持续发展的需要。举办高层次学徒制的专业，在人才培养目标的职业面向中，除规定毕业后的就业岗位外，还应规定可迁移岗位和更高级的发展岗位，体现高层次学徒制毕业生就业的广泛适应性。

[①] 教育部.教育部关于开展现代学徒制试点工作的意见（教职成〔2014〕9号）[EB/OL].（2014-08-27）[2021-12-16].http://www.moe.gov.cn/srcsite/A07/s7055/201408/t20140827_174583.html.

[②] 赵鹏飞，刘武军，罗涛，等.现代学徒制中国实践、国际比较与未来展望[J].职教论坛，2021，37（12）：6-11.

[③] 程泽瀛，韩玉.基于SWOT分析的中国特色高层次学徒制人才培养模式探索[J].教育与职业，2023（9）：27-35.

三、专业的技术性要求高

开展高层次学徒制，必须选择适宜的专业。《教育部关于开展现代学徒制试点工作的意见》（教职成〔2014〕9号）明确指出"各地要选择适合开展现代学徒制培养的专业"[①]，《教育部办公厅等五部门关于实施职业教育现场工程师专项培养计划的通知》（教职成厅〔2022〕2号）进一步对实施现场工程师专业人才培养的职业面向作出规定，"面向重点领域数字化、智能化职业场景下人才紧缺技术岗位"[②]。高层次学徒制专业应面向高技术岗位，培养高技术人才。高技术人才具有高智力、技术密集和高R&D强度一专多能的"T"型知识结构，以及人际沟通等方面的处世能力的"π"型知识结构[③]，高技术人才培养目标定位要求高层次学徒制专业的专业技术性强，具体来看：

（一）所培养的人才需经长时间实操训练

高层次学徒制的专业是高等教育中的专业，高等教育本质上具有专业性和通识性两种属性，专业性是其本质属性。[④] 技术性是举办高层次学徒制的高校作为高等教育机构的专业性属性的具体体现，"技术性"是指培养目标、智能结构的技术性及其教学内容的实践性和应用性，是职业教育应用性和实践

[①] 教育部. 教育部关于开展现代学徒制试点工作的意见（教职成〔2014〕9号）[EB/OL]. (2014-08-27)[2021-12-16]. www.moe.gov.cn/srcsite/A07/s7055/201408/t20140827_174583.html.
[②] 教育部. 教育部关于实施卓越教师培养计划的意见[EB/OL]. (2014-08-19)[2021-12-16]. http://www.moe.gov.cn/srcsite/A10/s7011/201408/t20140819_174307.html.
[③] 李捷，莫昕玮，陈劲. 中国高技术人才素质能力实证研究[J]. 科学学与科学技术管理，2000（3）：46-48.
[④] 张亚群，王毓. 论高等教育的专业性与通识性[J]. 中国地质大学学报（社会科学版），2016，16（4）：142-148+156.

性的重要体现。① 随着科学技术的快速发展，科学与技术的联系越来越紧密，对专业技术人才的技术性要求越来越高，内在要求高层次学徒制专业应在培养目标定位中明确知识、技术技能和应用能力、实践能力的要求，并通过课程体系建设、工学交替教学组织方式、教学环境、师资队伍等人才培养路径中的产教融合促进目标达成。《教育部关于实施卓越工程师培养计划的若干意见》（教高〔2011〕1号）和《教育部关于职业院校专业人才培养方案制订与实施工作的指导意见》（教职成〔2019〕13号）等文件对专业的技术性和实践性要求作出明确规定，例如，"本科及以上层次学生要有一年左右的时间在企业学习，学习企业的先进技术和先进企业文化，深入开展工程实践活动，参与企业技术创新和工程开发，培养学生的职业精神和职业道德。实践性教学学时原则上占总学时数50%以上"等。

（二）具有较好的技术创新基础

高层次学徒制是在本科或本科以上教育层次阶段实施的一种中国特色学徒制人才培养模式，学历层次高决定其技术性要求高于一般学徒制。为避免人才培养滞后，满足技术技能传承与创新的需要，举办高层次学徒制的专业应具有一定的技术资源，如工程研究中心、协同创新中心、重点实验室或技术技能大师工作室、实验实训基地等技术创新基础条件，据此能够凭借自身在技术创新方面的优势，深化行业企业合作，主动面向区域、行业企业关键技术领域，进行科学研究、社会服务，反哺人才培养，进一步强化技术知识的教与学。

---

① 曹晔. 职业技术师范教育"三性"办学特色辨析 [J]. 职业技术教育，2012，33（25）：9-13.

四、具有一定的校企合作基础

我国高层次学徒制实施校企双主体合作育人，具有一定校企合作基础的专业，可以进一步为高层次学徒制人才培养提供场地、师资、技术、资金等专业建设支持，成为真正的育人主体。

（一）具有一定数量的合作企业

数智时代，企业发展的外部环境变动不居，企业长久不衰难，为避免合作企业破产、倒闭风险对高层次学徒制定制性人才培养的威胁，举办高层次学徒制专业合作的企业不局限于单家企业。学校具有与一定数量的相关领域合作企业进行合作的基础，既能够提供充足的实习实训岗位、基地，也能够扩大学生就业的选择范围，满足多家企业对高技能人才的需要。此外，学校在与多家企业合作过程中，积累了校企合作经验，减轻了企业合作培养人才的成本负担。

（二）具有长期稳定的合作企业

一般是处于成长期和成熟期的合作企业，有持续人才需求，能够与学校建立长期稳定的合作关系，学校和企业在长期合作过程中，形成了相对稳定的校企合作体制机制。这些企业中的一些企业是劳动密集型企业或中小企业，为了获取大量高素质技术技能人才，与学校形成"生产模型"的校企合作模式；还有一些企业是技术密集型企业和大型企业，为了获得高层次技术技能人才，与学校形成"投资类型"的校企合作模式。[①] 长期合作关系的企

[①] 徐晔.企业参与校企合作的三维遴选指标体系构建研究：基于发达国家遴选企业的经验[J].职教论坛，2021，37（3）：168—176.

业中的部分企业是"投资类型"的，学校和企业在长期稳定合作关系的基础上，实施高层次学徒制，供需无缝对接培养高技术人才，进一步促进企业技术转型升级。

（三）合作企业有条件、有意愿成为产教融合型企业

"产教融合型企业"是指深度参与产教融合、校企合作，在职业院校办学和深化改革中发挥重要主体作用，行为规范、成效显著，创造较大社会价值，对提升技术技能人才培养质量，增强吸引力和竞争力，具有较强带动引领示范效应的企业。[①] 国家发展改革委、教育部关于印发《建设产教融合型企业实施办法（试行）》（发改社会〔2019〕590号）的通知，对产教融合型企业的培育条件、认证标准、评价办法作出规范。学校参照产教融合型企业培育条件遴选合作企业，一是选择部分已经具有举办现代学徒制和企业新型学徒制试点或者接收高等学校学生开展每年3个月以上实习实训累计达60人以上等经验的企业，这些企业有旺盛的高技术人才需求，能够提供满足高层次学徒制所需的生产实际环境和生产性实习场所、公共实训中心等教学资源以及数量充足的企业实习岗位。二是遴选急需产业领域龙头企业。这些企业重视技术创新，具有较好的技术研发基础，既是经济主体也是教育主体，举办高层次学徒制后，校企基于技术创新的共同意愿和愿景，有条件、有能力深入产学研合作，紧贴技术发展前沿优化人才培养，提高人才培养竞争力。

---

① 陆娅楠. 我国将培育产教融合型企业 企业大合唱创新动力强［N］. 人民日报，2019-04-04.

第三章
企业遴选标准

校企合作是产教融合、产学研合作的重要方式，企业是影响校企合作的重要因素。举办高层次学徒制，深化校企合作，企业的遴选十分关键。合作企业除具有合法企业所具有的工商营业执照、组织机构代码证和税务登记证"三证"等基本条件外，还要按照国家关于现场工程师培养的政策性规定遴选合作企业，即"技术技能人才需求稳定且具有一定培养能力的生产企业。优先考虑产教融合型企业、专精特新企业和行业头部企业"[①]。依据国家相关政策的规定与高层次学徒制培养目标定位要求，高等学校须从技术技能人才需求稳定、能够满足实习轮训的需求、具有完善的企业师傅队伍建设体系等方面遴选合适的企业。[②]

[①] 教育部办公厅等五部门.教育部办公厅等五部门关于实施职业教育现场工程师专项培养计划的通知[EB/OL].（2022-10-09）[2023-03-4].www.moe.gov.cn/srcsite/A07/s7055/202211/t20221104_932353.html.

[②] 徐晔.企业参与校企合作的三维遴选指标体系构建研究：基于发达国家遴选企业的经验[J].职教论坛，2021，37（3）：168-176.

一、技术技能人才需求稳定

举办高层次学徒制的企业在人才需求、员工培训与晋升方面应具有科学合理的规划。

（一）有稳定的人才需求、储备计划

战略管理是企业管理的一种方式，企业在发展过程中面临产业转型升级的压力，一般要从战略管理角度明确人力资源战略目标，并制订人力资源开发规划，以便发挥人力资源优势，为企业创造市场优势。人才资源战略目标及规划由企业内部人力资源管理部门协同其他组织管理部门制定和落实，有稳定的人才需求、储备计划的企业有相对完善的组织机构。遴选有稳定的人才需求、储备计划的企业，一方面能够保证高层次学徒制人才培养的稳定性。高校以企业人才需求为导向制订高层次学徒制人才培养计划，完善招工招生一体化方案，以学徒制班级为单位，规模化地为企业培养高技术人才，既能够保证毕业生对口就业，又能够提高毕业生的归属感，保证在一定时间内稳定工作，提高人才培养效能，增强高层次学徒制的吸引力，招生就业进入良性循环。另一方面能够规范校企在人才培养中的行为。人力资源开发战略及规划包含一段时间内企业对高技术人才需求的层次、数量、结构，及相应的职业工作岗位对技术技能人才的能力标准要求，为学校明确人才培养方案，健全校企共建共管高层次学徒制的管理体制，基于能力标准及相关的职业标准、专业教学标准等人才培养标准规范人才培养全过程。

（二）有健全的员工培训、晋升机制

随着市场竞争的日益激烈，越来越多的大型企业重视员工队伍建设，加大人力资源开发投入力度，从组织、培训、评价、监督和管理方面逐步全面健全企业员工培训、晋升机制，保障员工接受继续教育的权利，提升员工的技术技能知识与实践操作能力。遴选具有健全的员工培训、晋升机制的企业，一方面有利于规范开发课程体系。企业员工晋升机制中一般明确规定晋升的职系及其通道、标准，据此可以根据技术技能人才从新手到专家的能力发展规律构建课程体系，工作场所学习内容与学校专业课程内容衔接，通过工作场所学习强化理论知识的具体应用。另一方面有利于建立健全双导师制度。健全的员工培训，企业培训师是关键。发挥企业培训师的主导作用，完善工作场所师带徒学习制度及评价等质量保障制度，确保企业实质性参与高层次学徒制。

二、能够满足实习轮训的需求

高层次学徒制工作场所学习的实施需要企业提供充足的实习轮训岗位和健全的实习轮训制度。

（一）具有充足数量的实习轮训岗位

为避免工作场所学习流于形式，参与高层次学徒制的企业必须为学徒提供数量充足的实习轮训岗位。高层次学徒制专业与产业、职业岗位对接，企业所提供的实习轮训岗位须符合《专业教学标准》对目标岗位的要求及该行业《学徒培训标准》等规章制度，校企按照双向选择原则安排学徒在岗实习和轮岗实习，在适当岗位通过边学习边工作的方式提升就业能力和可持续发展能力。

（二）具有基本的教学资源

工作场所学习是在真实工作岗位，通过师带徒方式边工作边学习的一种学习模式。规范化实施高层次学徒制，要求具有融知识、信息和教学、生产资源为一体的集中区域，能够真实再现复杂工作场景，企业工作设备设施的布置、环境、氛围适于师带徒边工作边学习。

（三）具有健全的实习轮训制度

一般企业内部培训体系包括新进员工培训、晋升培训等培训内容。高层次学徒制实施实习实训基地校企共建共管制度，遴选企业具有相对完善的企业培训制度和体系，对建立健全双导师制度、实习实训建设与管理制度，完善实习内容体系，稳妥推动实习轮训活动有重要推动作用。

三、具有完善的企业师傅队伍建设体系

高层次学徒制是高校和企业联合培养高素质技术技能人才的一种人才培养模式，人才培养的层次和水平决定高层次学徒制师资队伍建设水平要求高，建设高水平的双导师师资队伍是高层次学徒制的重要任务，也是完善高层次学徒制校企合作育人机制的重要体现。自2014年我国开展现代学徒制试点以来，国家通过系列政策规范引导现代学徒制师资队伍建设。2014年8月，《教育部关于开展现代学徒制试点工作的意见》（教职成〔2014〕9号）指出："校企共建师资队伍是现代学徒制试点工作的重要任务。现代学徒制的教学任务必须由学校教师和企业师傅共同承担，形成双导师制。"①2019年5月15日,《教育部办公厅关于全面推进现代学徒制工作的通知》(教职成厅函〔2019〕12号)进一步指出,"推广学校教师和企业师傅共同承担教育教学任务的'双导师'制度,校企分别设立兼职教师岗位和学徒指导岗位,完善'双导师'选拔、培养、考核、激励等办法"②。除现代学徒制试点及全面推进阶段的政策外,国家通过政策性文件进一步规范现代工程师的培养,对师资队伍建设提出明确要求,2014年8月19日,《教育部关于实施卓越工程师教育培养计划的若干意见》(教高〔2011〕1号)中指出,"建设具有一定工程经历的高水平专、兼职教师队伍""要从企业聘请具有丰富工程实践经验的工程技术人员和管理人员担任兼职教师,承担专业课程教学任务;或担任本科生、研究生的联合导师,承担培养学生、指导毕业设计等任务"③。2022年10月9日,《教育部办公厅等五部门关于实施职业教育现场工程师专项培养计划的通知》(教职成厅〔2022〕2号)中指出,"打造双师结构团队"④。按照上述政策性文件对双导师制度的具体规定,举办高层次学徒制的专业,须从如下几方面建立健全双导师师资队伍。

(一)具有充足数量和高水平的企业师傅

双导师制度是指由学校专业教师和企业师傅共同承担学徒培养任务的一项机制。建立健全双导师制度,必须具有充足数量和高水平的企业师傅和学

---

① 教育部.教育部关于开展现代学徒制试点工作的意见[EB/OL].(2014-08-27)[2022-10-11].http://www.moe.gov.cn/srcsite/A07/s7055/201408/t20140827_174583.html.
② 教育部办公厅.教育部办公厅关于全面推进现代学徒制工作的通知[EB/OL].(2019-05-15)[2023-10-13].http://www.moe.gov.cn/srcsite/A07/s7055/201906/t20190603_384281.html.
③ 教育部.教育部关于实施卓越教师培养计划的意见[EB/OL].(2014-08-19)[2023-02-20].http://www.moe.gov.cn/srcsite/A10/s7011/201408/t20140819_174307.html.
④ 教育部办公厅等五部门.教育部办公厅等五部门关于实施职业教育现场工程师专项培养计划的通知[EB/OL].(2022-10-09)[2023-02-20].www.moe.gov.cn/srcsite/A07/s7055/202211/t20221104_932353.html.

校教师。双导师制度下，企业师傅和学校教师在人才培养过程中既有分工，又有合作。企业师傅与学生（学徒）以"结对"方式进行技能传承，学校教师与学生以集体教学方式进行基础理论知识传授；学校教师通过企业实践、横向联合技术研发等方式深入企业，而企业师傅通过学校兼职授课，企业工作场所师带徒教学，以及与校内教师合作进行技术创新等途径，与学校教师相互配合，共同承担专业教学、指导实习实训等职业技能培养任务，同时对学生（学徒）进行安全、心理健康、劳动纪律等职业素养教育，全面提升学徒培养质量。[①] 双导师师资团队的教学水平、师德水平等都对学生的知识、能力和素养提升产生深刻影响。

（二）具有明确的企业师傅遴选标准

企业师傅是高层次学徒制"双导师"中的重要一元，依据一定的标准选拔企业师傅是高层次学徒制中的一项关键工作。"师傅一定要有丰富的传艺经验和有东西与绝活可教才行（绝技领先），多讲本行当的知识和在书本上寻找不到的理论。"[②] 校企双方选拔高水平企业师傅，保证选拔的规范性和科学性，应共同制定企业师傅遴选标准，从职业道德、岗位工作经历、学历、专业技术职务、职业资格证书、执教能力等方面明确企业师傅的遴选条件要求、遴选聘任的程序、工作职责、待遇等条件和标准，完善企业师傅的选拔机制。结合国内外先进经验，企业师傅的遴选条件除包含年龄、企业工作经历、职业资格和工作经验外，还应包含职业能力要求，具体来看：一是应具有扎实的专业理论与实践能力。专业基础理论扎实，业务能力强，具有丰富的技术实践经验，熟悉企业生产岗位对高技术人才的知识技能要求。二是应具有师

---

① 单文周，李忠．现代学徒制试点中双导师制：内涵、瓶颈及路径［J］．社会科学家，2019（8）：143-148．
② 苏笑神．苏笑神品戏评戏集［M］．北京：中国戏剧出版社，2008：174．

带徒教学的意识和能力。为人正直、热爱学生、技艺精湛、爱岗敬业、掌握带徒方法，具有参与人才培养方案的制订、修订与课程开发的能力，能够胜任实践教学工作。学校和企业依据企业师傅遴选标准选拔人选时，应保证企业师傅数量充足，企业师傅的数量与合作专业的学生规模相适应。现代学徒制企业师傅一般按1师1至6徒配备，即1名企业师傅至少带1名学徒、最多带徒不超过6名学徒为宜。[①] 鉴于高层次学徒制教师指导工作量，一般1名师傅带徒不超过3名为宜。

（三）具有明确的企业师傅考核与激励机制

高层次学徒制企业师傅既要承担学徒的指导工作，又要完成企业的生产任务。为此，学校和企业应完善企业师傅的考核与激励机制，鞭策与鼓励师傅潜心带徒。我国现有现代学徒制政策关于双导师制度的规定，没有系统的考核与激励的具体规定，为避免师带徒教学方式流于形式，实施高层次学徒制，需要从如下几方面明确企业师傅考核与激励机制，主要包括：企业师傅集中授课和岗位师带徒课酬标准、带徒补贴，企业师傅执教能力提升培训的激励；企业师傅等级晋升激励，企业师傅绩效考核与激励、企业员工绩效考核与激励，企业师傅与校内导师横向联合技术研发、参与专业建设的奖励，等等。通过建立健全企业师傅考核与激励机制，对带出成绩的企业师傅给予适当的奖励，进而形成谁带学生（学徒）多，质量高，谁荣誉就多、获得的实惠也多的良好氛围。

[①] 单文周，李忠. 现代学徒制试点中双导师制：内涵、瓶颈及路径［J］. 社会科学家，2019（8）：143-148.

（四）具有健全的师徒关系保障机制

高层次学徒制实施双导师制度，学校教师、企业师傅和学生（学徒）在"教学做"中形成的关系被称为师徒关系，师徒关系是影响高层次学徒制人才培养质量的关键因素。高层次学徒制师徒关系的特殊性以及双导师制度的实施要求高校和企业在举办高层次学徒制的过程中，要健全师徒关系的保障机制。一是保障学校教师和企业师傅有充足的时间承担其教学与指导任务。双导师既是企业和学校的员工，也是高层次学徒制中的教师，建立良好的师徒关系，需要投入一定的时间和精力。为避免双导师自我教育、工作与人才培养的时间冲突，既要从师资选拔入手考察双导师的时间管理能力和健全的人格，同时也要合理化双导师的生产、教学工作和人才培养的任务量，避免安排过多的生产、教学工作任务，无暇与学生（学徒）交流互动。二是建立健全企业师傅的薪酬待遇、劳动安全与技术权威的规章制度。师徒关系的建立与巩固需要企业师傅与学生（学徒）互动交流，高校和企业从工作和人才培养角度合理化双导师的薪酬待遇，有利于提高双导师在师生关系建立中的积极性和主动性，提高师徒关系的亲密度。师徒关系是一种身份关系，如果缺乏劳动安全与技术权威的规章制度，徒弟传承师傅的技术技能后，跟师傅抢夺饭碗，就会影响技术技能传承，无法形成良好的师徒关系。为避免这种现象，高校和企业要建立拜师仪式、《师带徒合同》等制度，明确表达师徒双方的利益关系以及师傅的权威性，同时，还要在竞争上岗等方面充分考虑师傅所做出的贡献，消除师傅带徒的担心和顾虑。三是促进企业师傅职业生涯可持续发展。科技革命与产业变革要求双导师不断学习新知识、新技术技能，以便保持其个人竞争力，企业和高校应建立健全培训机制，保障双导师不断更新知识、提高技术技能，促进职业生涯可持续发展，在师徒关系建立中保持师傅的权威性。

四、具有健康优秀的企业文化

企业文化在企业的历史发展中形成，可以解释企业为什么要采取某些行动，并优化员工工作态度、方法和效率。① 优秀的企业文化传播方式包含培训、同事支持、绩效激励②，高层次学徒制合作企业具有优秀的文化，榜样、制度、活动和环境等企业文化载体就会积极作用于技术技能传承，同时通过企业文化的熏陶、感染，使学生逐渐了解、接受和认同企业理念、行为准则。举办高层次学徒制，发挥企业文化在校企合作培养高素质技术人才中的作用，高校在遴选企业时，应优先遴选具有健康优秀文化的企业。

（一）具有技术创新文化

企业技术创新既是一项技术革新活动，也是一种文化反映。技术创新是企业在日益激烈的市场竞争中获得成功的重要因素之一，企业在技术创新中需要文化供给，主要包括物质文化建设、规范文化配套和观念文化育成。③ 企业技术创新的研发、试验和生产，首先需要物质文化支持，主要表现为企业能够根据市场需求变化，想方设法更新硬件设备设施，加强技术创新平台建设和 R&D 经费投入，为技术创新提供物质资源保障；规范文化主要表现为制度文化和技术创新的价值文明，比如，形成知识产权保护的意识，建立健全技术创新的激励制度等；观念文化主要表现为技术创新的观念，注重高技能人才、研发人员的引进、培育，鼓励团队合作探究技术问题。高校基于上

---

① Benjamin S ,Vicente G ,Cheri O, et al.Organizational climate and culture: Reflections on the History of the Constructs in the Journal of Applied Psychology[J].*The Journal of Applied PsycholOgy*, 2017,102(3):468-482.

② Taormina J R .Organizational Socialization: the Missing Link between Employee Needs and Organizational Culture[J].*Journal of Managerial Psychology*,2009,24(7):650-676.

③ 王勉青.自主技术创新的文化供给［J］.科技与法律，2009（3）：13-16.

述三个条件，从技术创新文化的角度遴选合作企业举办高层次学徒制，企业基于一定的技术创新基础和需求，主动通过与高校的联合研发、技术许可授权、技术咨询等多种方式的技术创新活动，增强内部创新能力，实现创新水平的提升和产物的增加。[①]同时，双导师及其所指导的学生在企业实践中，接受企业技术创新文化的熏陶，主动了解和发现企业真实的技术问题及其技术创新需求，双导师指导学生通过毕业设计、项目学习、问题导向学习等研究性学习活动，协同技术创新，高层次学徒制积极作用于企业社会效益和经济效益的提高以及人才培养质量的提升，校企合作实现互利共赢。

（二）员工思想精神境界高

企业文化包含了企业精神，是优秀企业员工的企业家精神、劳模精神、工匠精神、劳动精神长期凝练而成的，可以说，没有大批懂科技、善管理、乐于技术发明创新的优秀员工，就没有健康优秀的企业文化。研究发现，一般说来，企业文化从开始到基本成熟，要六年以上的时间[②]，健康优秀的企业文化渗透在每一位员工的思维和日常行动中。高校在遴选合作企业时，应深入企业调研，如行业龙头企业、高成长性企业、产教融合型企业等，或者通过查看第三方权威机构关于企业竞争力、先进性等方面的证明材料，了解企业的经营管理理念、企业战略目标、企业形象、劳动保障条件、社会责任履行情况以及企业人力资源开发与管理情况，通过企业文化的表征全面深入了解企业。

---

① 金晟男，武力超，薛洲，耿献辉.校企合作、企业创新与企业价值：来自高技术产业的新证据［J］.南方经济，2023（10）：127-144.
② 段锐杰.企业家与优秀企业文化的建设［J］.山西财经大学学报，2012，34（S4）：42.

第四章
校企合作联合培养机制

2017年12月5日《国务院办公厅关于深化产教融合的若干意见》(国办发〔2017〕95号)指出,"全面推行现代学徒制和企业新型学徒制,推动学校招生与企业招工相衔接,校企育人'双重主体',学生学徒'双重身份',学校、企业和学生三方权利义务关系明晰。实践性教学课时不少于总课时的50%"[1]。2018年10月25日《教育部办公厅关于开展职业教育校企深度合作项目建设工作的通知》(教职成厅函〔2018〕55号)进一步指出,"建立健全'行政搭建平台,校企自愿合作,行业指导监督'的校企合作项目建设机制"[2]。高层次学徒制"双重主体""双重身份"实现的前提和基础是确立学校和企业、学生和企业、教师(师傅)和学生之间的契约关系。如果仅用顶岗

---

[1] 国务院办公厅.国务院办公厅关于深化产教融合的若干意见[EB/OL].(2017-12-05)〔2023-02-20〕.https://www.gov.cn/zhengce/content/2017-12/19/content_5248564.htm.

[2] 教育部办公厅.教育部办公厅关于开展职业教育校企深度合作项目建设工作的通知[EB/OL].(2018-10-25)〔2023-02-20〕.http://www.moe.gov.cn/srcsite/A07/s7055/201811/t20181101_353339.html.

实习协议，就会窄化利益主体及约定的内容范畴。为保障四方主体的利益诉求，高层次学徒制举办者要组织签订校企合作协议和教育合同，建立健全校企合作联合培养机制。

一、签订、执行校企合作协议

发挥高层次学徒制中高校和企业双主体育人作用，高校和企业之间要建立校企联合培养制度，签订、执行校企合作协议，落实双主体在育人中的权利、责任和义务。

（一）按照规范签订校企合作协议

《教育部等六部门关于印发〈职业学校校企合作促进办法〉的通知》（教职成〔2018〕1号）规定："校企合作是指职业学校和企业通过共同育人、合作研究、共建机构、共享资源等方式实施的合作活动……职业学校和企业开展合作，应当通过平等协商签订合作协议。合作协议应当明确规定合作的目标任务、内容形式、权利义务等必要事项，并根据合作的内容，合理确定协议履行期限，其中企业接收实习生的，合作期限应当不低于3年。"[1] 学校和企业签订高层次学徒制校企合作协议，或称高层次学徒制人才联合培养协议。在合作协议中明确合作的原则、双方的权利与责任、合作的时间、争议的解决等事项。

---

[1] 教育部等六部门.教育部等六部门关于印发《职业学校校企合作促进办法》的通知［EB/OL］.（2018-02-22）[2023-02-20]. www.moe.gov.cn/srcsite/A07/s7055/201802/t20180214_327467.html.

（二）有效执行校企合作协议

校企双方充分沟通并达成一致后，自愿签订校企合作协议。为有效执行校企合作协议，更好地保障校企双方利益，提高人才培养质量，高校和合作企业应进一步制订企业参与高层次学徒制的长期规划，遵循技术技能人才成长规律，研究确定若干重点合作领域和合作的周期，校企联合制定并实施人才培养方案。校企双方根据自身实际与合作需要，明确校企合作的过程管理和绩效评价制度，明确相关的组织管理机构及人员安排，以及在招生（招工）、课程教学、质量保障、学生（学徒）就业等合作过程中的权利、责任和义务，确保校企合作协议有效执行。

二、校企共同制订、实施招生与招工方案

校企双方共同制订并实施招生与招工方案，方案包含两种模式，一是招生与招工同步，二是先招生、后招工。

（一）招生与招工同步

该模式以自主招生形式实现，学校与企业共同签订合作协议后，共同制订招生（招工）方案，学生报名参加高层次学徒制自主招生考试后，须与企业签订劳动合同（非全日制劳动合同）方可录取注册，实现学生、学徒双重身份。

（二）先招生、后招工

学生先入学，入学后原则上一年内须与企业签订劳动合同或学校、企业、学生签订三方协议，明确学生的学徒身份。

三、企业与学生（学徒）签订教育合同

《教育部等六部门关于印发〈职业学校校企合作促进办法〉的通知》（教职成〔2018〕1号）第26条规定："职业学校与企业就学生参加跟岗实习、顶岗实习和学徒培养达成合作协议的，应当签订学校、企业、学生三方协议，并明确学校与企业在保障学生合法权益方面的责任。企业应当依法依规保障顶岗实习学生或者学徒的基本劳动权益，并按照有关规定及时足额支付报酬。任何单位和个人不得克扣。"[1]《教育部关于实施卓越工程师教育培养计划的若干意见》（教高〔2011〕1号）指出，"参与企业依据高校、企业、学生三方签订的联合培养协议，可以享有优先聘用权"[2]。按照规定，除校企合作协议外，学校、企业与学徒（学生）签订高层次学徒制三方协议，学校和企业按照《职业学校专业（类）岗位实习标准》《专业学校学生实习管理规定》等规定，参照附录2"职业学校学生岗位实习三方协议（示范文本）"，拟定三方协议，其内容应涵盖：合同期限、工作内容（约定工作岗位、工作要求及离岗学习要求）、权益保障（劳动报酬、相关保险、约定工作时间及休假规定、劳动保护等）、劳动纪律（在岗工作、离岗学习必须遵守学校和企业的规章制度）、违约责任等。

四、建立校企工作交流制度

高层次学徒制的校企合作需通过吸收行业企业专家进入专业教学指导委员会，共同完善人才培养制度和学校专业人才培养标准，建立校企常态化的

---

[1] 教育部等六部门.教育部等六部门关于印发《职业学校校企合作促进办法》的通知［EB/OL］.（2018-01-22）［2023-02-20］.http://www.gov.cn/xinwen/2018-02/22/content_5267973.htm
[2] 教育部.教育部关于实施卓越工程师教育培养计划的若干意见［EB/OL］.（2011-01-08）［2013-02-20］.http://www.moe.gov.cn/srcsite/A08/moe_742/s3860/201101/t20110108_115066.html.

沟通与反馈机制等措施保障。

（一）吸收行业企业专家进入专业教学指导委员会

切实发挥学校和行业企业在人才培养中的主体作用，学校和合作企业按照《深化职业教育教学改革全面提高人才培养质量的若干意见》（教职成〔2015〕6号）、教育部高等教育司关于实施《普通高等学校本科专业类教学质量国家标准》的通知（教高司〔2017〕62号）等政策文件对高等教育人才培养的要求，完善学术委员会、专业建设委员会、专业教学指导委员会等组织机构。校企双方共同建立专业教学指导委员会，明确高层次学徒制专业教学指导委员会成员构成及其对教学工作进行研究、咨询、指导、评估、服务等职责。

（二）共同完善人才培养制度

校企双方共同制定人才培养毕业标准与学位授予实施细则、专业教学标准、专业人才培养方案、课程标准、企业师傅遴选标准、出徒标准等质量保障标准，以标准为依据，完善人才培养的教学文件、管理制度，如学分制管理办法、弹性学制管理办法、实习实训管理制度、学徒管理办法等，规范人才培养过程及校企双方联合培养行为。

（三）建立校企常态化的沟通与反馈机制

为促进校企联合培养高技能人才，系统设计并深化专业培养方案、教学管理、考试评价、学生管理、招生与招工，以及师资配备、保障措施等工作领域的合作，校企双方应建立常态化沟通联络机制，使沟通、传递和反馈贯穿人才培养的整个过程。高校和企业要定期会晤，建立健全学校与企业之间人员互聘共用、双向挂职锻炼、横向联合技术研发和专业建设的合作机制，建立健全包含第三方评价机构参与的学徒培养质量保障机制。

第五章
人才培养方案制订

人才培养方案是高层次学徒制运行的规范性教学文件，直接决定人才培养质量。举办高层次学徒制，首先要依据教育部《关于职业院校专业人才培养方案制订与实施工作的指导意见》（教职成〔2019〕13号）《国务院学位委员会关于印发〈学士学位授权与授予管理办法〉的通知》（学位〔2019〕20号）、教育部《普通高等学校本科专业类教学质量国家标准》《职业教育专业目录（2021年）》《全国普通高校本科专业目录（2021年）》《教育部 中国工程院关于印发〈卓越工程师教育培养计划通用标准〉的通知》（教高函〔2013〕15号）等制度规定，并依据职业标准、岗位标准等人才培养标准，科学规范合理制订高层次学徒制人才培养方案。

一、制订人才培养方案的基本原则

高层次学徒制人才培养方案的制订除了考虑常规要求外，还要遵循一定的原则，体现高层次学徒制人才培养的特点。

（一）高等性、技术性与职业性相结合

校企共同制订人才培养方案，遵循技术技能人才成长规律，结合工作岗位的实际需要，按照国家、行业对高技术人才培养标准的规定，科学客观确定人才培养目标，明确知识与技能、素养要求以及所获得的学历学位、职业资格等相关学习成果要求，使毕业生能够从事科技成果、实验成果转化，设计、制造、生产加工中高端产品，提供中高端服务，解决企业较复杂的问题和进行较复杂操作。

（二）理论与实践相结合

传授基础知识与培养专业能力并重，强化学生职业素养养成和专业技术积累，将专业精神、职业精神和工匠精神融入人才培养全过程。公共基础课程与专业课程、理论教学与实践教学、学历证书与职业技能等级证书互通衔接，整体设计教学活动。

（三）规范性与灵活性相结合

以高等教育国家标准为基本遵循，把立德树人、促进人的全面发展作为高层次学徒制的重要任务，贯彻落实党和国家在课程设置、教学内容等方面的基本要求，提高专业人才培养方案的科学性、适应性和可操作性。将新技术、新标准、新方法及时融入教学内容，坚持现代学徒制基本办学特色，深化工学结合人才培养模式改革。

二、制订人才培养方案的组织机构与人员素质要求

高层次学徒制是校企双主体育人模式，高校和合作企业等多元主体参与制订人才培养方案，必须建立健全校企共建学校质量保障标准的工作机制。

（一）建立学校质量保障标准制定工作小组

成立由行业企业技术专家、学校骨干教师和课程开发专家等成员组成的学校标准制定工作小组，负责人才培养方案等学校标准的制定与修订工作。

在人才培养方案制订的不同阶段，参与人员有所不同。

专业调研阶段以学校的专业教师为主体，行业企业人员参与；

职业分析阶段以生产、管理一线的专家型的工程技术人员为主体，专业教师参与，课程专家伴随指导；

课程与教学分析阶段（包括课程结构开发、课程内容开发、教学实施分析），以教学一线的专家型专业教师为主体，课程专家伴随指导。

（二）人才培养方案制订人员的基本素质要求

参加人才培养方案制订人员的素质高低直接影响着人才培养方案的质量，因此，参加人才培养方案制订的人员均应达到基本的素质要求。

1. 生产、管理一线的专家型工程技术人员应具备的条件[①]

（1）具有丰富的工作经验，了解企业的不同部门，并参与过技术革新项目；

（2）在工艺先进的工作岗位上工作，在灵活的劳动组织下工作；

（3）承担的专业任务是工作过程完整的综合性任务；

---

① 徐涵. 工作过程为导向的职业教育理论与实证研究［M］. 北京：商务印书馆，2013：49.

（4）接受过相关专业的系统教育或培训，并在其职业领域不断地接受继续教育；

（5）能够从未来的和专业的角度描述、评价现实的专业，工作并能把包含在专业工作中的职业工作任务系统化；

（6）具有较好的语言表达能力、较强的责任心和团队合作精神。

2. 专业教师应具备的基本条件

（1）接受过本专业或相关专业的系统学习；

（2）从事本专业教学工作五年以上；

（3）具有与本专业相关的实践工作经验，对企业的生产经营过程有一定的了解；

（4）具有较好的语言表达能力、较强的责任心和团队合作精神。

3. 课程专家应具备的基本条件

（1）熟悉工作过程导向课程理论和能力本位课程理论；

（2）掌握课程开发的技术、手段和方法；

（3）具备主持人的基本素质。

三、制订人才培养方案的程序

制订高层次学徒制人才培养方案时，要遵照一定的程序，每一程序涉及的主体、工作过程及其工作成果详见表5-1。

表 5-1　制订高层次学徒制人才培养方案的基本程序

程序	主体	工作过程	工作成果
专业调研	学校专业教师，行业企业人员	对高层次学徒制专业对应的职业领域、岗位（群）所需的高技术人才的调研数据进行梳理分析、取舍	明确高层次学徒制专业定位、培养目标、职业面向及人才培养规格
职业分析	生产、管理一线的专家型工程技术人员，学校专业教师，课程专家	对高层次学徒制专业对应的职业领域、岗位（群）的工作内容及要求进行陈述、整理和分类	明确典型工作任务及其职业能力要求
课程结构开发	学校专业教师，课程专家	立足职业分析结果，将典型工作任务转换成专业课程体系	构建高层次学徒制专业课程体系
课程内容开发	学校专业教师，生产、管理一线的专家型工程技术人员，课程专家	立足职业分析结果，明确科目课程目标，构建学习性任务，明确学习成果、评价标准及学习内容	编制高层次学徒制专业的课程标准
起草并论证人才培养方案	学校专业教师，生产、管理一线的专家型工程技术人员	根据高层次学徒制专业人才培养方案模板，按照规范要求，撰写人才培养方案，校企共同论证人才培养方案	形成并论证高层次学徒制人才培养方案
修订人才培养方案	学校专业教师，生产、管理一线的专家型工程技术人员	建立健全高层次学徒制人才培养方案实施情况的评价、反馈与改进机制，根据社会需求的变化及相关政策、制度要求与时俱进修订人才培养方案	完善高层次学徒制人才培养方案

（一）通过专业社会需求调研，明确高层次学徒制专业定位

专业社会需求调研是制订高层次学徒制人才培养方案的逻辑起点，主要解决专业定位的问题。运用文献分析、问卷调查和深度访谈等方法，对行业

企业进行调研、毕业生跟踪调研和在校生学情调研，分析产业发展趋势和行业企业对高层次技术人才的需求，了解兄弟院校同类专业人才培养情况，明确高层次学徒制的专业人才培养目标、培养规格及其职业面向，形成专业社会需求调研报告，为开展职业分析、确立专业课程体系奠定基础。

（二）开展职业分析，确定高层次学徒制的专业能力标准

职业分析是制订高层次学徒制人才培养方案的关键环节，为课程体系的确立提供基本依据。进行职业分析，首先要收集高层次学徒制专业对应的相关职业的最新国家职业标准、相关的职业技能等级证书标准、企业的相关工作岗位的工作描述及职责等，并对这些资料进行梳理与整合，作为开展职业分析的基础材料。其次，建立由行业企业的专家型工程技术人员、专业骨干教师和课程专家组成的课程开发小组，通过小组工作、头脑风暴等方法提取所分析职业的典型工作任务，并明确完成该典型工作任务所需的知识、能力和素养，最终形成该专业能力标准。高层次学徒制专业能力标准是高校对学习者完成学业后从事该专业面向的职业工作的综合职业能力要求，是若干个职业能力标准的总和。职业能力标准"是衡量从业者（包括正在接受教育与培训的准从业者）胜任特定职业的基本尺度和规范，反映特定时期职业教育人才培养的质量规格"[①]。

（三）开展课程结构分析，构建高层次学徒制专业课程体系

课程结构分析是制订高层次学徒制人才培养方案的核心，主要解决课程设置问题。根据职业分析的结果进行课程转化，转换的方法是依据典型工作任务设置专业课程，构建专业课程体系。

---

① 肖凤翔，付小倩.职业能力标准演进的技术实践逻辑［J］.西南大学学报（社会科学版），2018（6）：45−50+189−190.

（四）按照规范要求，起草并论证高层次学徒制专业人才培养方案

起草并论证人才培养方案，形成人才培养方案文本，为高层次学徒制实施提供教学依据。首先，根据专业社会需求调研结果和职业能力标准，准确定位高层次学徒制专业人才培养目标与培养规格，合理设置课程，明确教学内容、教学资源、教学条件保障等要求，并按规范要求起草人才培养方案。其次，学校组织由行业企业、教研机构、校内外一线教师和学生代表等参加的论证会，对专业人才培养方案进行论证后，提交校级党组织会议审定。最后，审定通过的专业人才培养方案，学校按程序发布执行，报上级教育行政部门备案，并通过学校网站等主动向社会公开，接受社会监督。

（五）根据社会需求变化，修订高层次学徒制专业人才培养方案

根据社会需求变化，定期修订人才培养方案是确保高层次学徒制人才培养质量的重要一环。学校要建立健全专业人才培养方案实施情况的评价、反馈与改进机制，根据经济社会发展需求、技术发展趋势和教育教学改革实际，及时修订完善人才培养方案。

四、制订人才培养方案的技术与方法

人才培养方案形式多样，科学合理制订高层次学徒制专业人才培养方案，需要掌握人才培养方案制订的技术与方法。

（一）如何开展社会需求调研①

1. 明确调研目的——为什么调研

确定高层次学徒制专业定位，主要通过专业社会需求调研明确高层次学徒制专业的培养目标、培养规格及其职业面向。通过调研要解决的重点问题包括：

（1）专业人才需求状况；

（2）专业对应的岗位（群）或职业（群）；

（3）专业培养目标及培养规格。

2. 确定调研内容——调研什么

高层次学徒制专业社会需求调研的主要内容包括：

（1）行业发展现状与趋势；

（2）行业从业人员基本情况；

（3）专业对应的职业（群）/岗位（群）及其素质要求；

（4）专业对应的职业资格证书/职业技能等级证书；

（5）毕业生就业岗位分布情况；

（6）毕业生对专业教学情况的反馈；

（7）用人单位对学校人才培养的建议；

（8）其他职业院校同类专业的人才培养目标、培养规格及课程体系。

3. 选择调研技术和方法——怎么调研

（1）充分利用文献分析法，除文献能提供的数据之外，还要开展问卷调查和访谈调研；

（2）确定调研区域和调研对象。

> 调研企业的选择：学校合作企业以及行业龙头企业、高成长性企业等；

---

① 徐涵, 韩玉. 基于学习成果的职业教育课程标准开发与实践[M]. 北京：北京师范大学出版社, 2021：49-52.

- 可供选择调研的企业人员包括：企业人事部门经理，企业部门经理，生产、管理一线的专家型工程技术人员；
- 调研学校的选择：区域内开设同类专业的职业本科学校、应用型本科学校；
- 可供选择调研的院校人员包括：主管教学的副校长、教务处处长、专业负责人、骨干教师；
- 本校历届毕业生（包含毕业五年的毕业生）。

（3）调研的具体方法。

①问卷调查法

在专业社会需求调查阶段，教师利用问卷调查法进行需求调研，在调查之前应设计用人单位调研问卷和毕业生调研问卷。问卷的设计围绕所要调查专业的职业面向、职业能力要求展开。调研结果的可靠性在很大程度上取决于调查问卷的设计，因此，科学规范设计问卷，才能达到调研的目的。

用人单位调查问卷内容应主要反映以下几方面问题：调研专业在用人单位主要对应的工作岗位（群）或工作领域，用人单位对调研专业毕业生的需求数量，用人单位对调研专业对应的工作岗位（群）所需的知识、能力以及素养的核心要求，用人单位对调研专业的往届毕业生的知识、技能和素养的评价，用人单位对调研专业的人才培养建议，等等。从目前的院校研制的用人单位调研问卷看，主要存在的问题是没有聚焦调研专业对应的工作岗位（群）及其职业能力要求，所设计的问题不能准确反映企业对相关工作岗位所需的知识、能力和素养的要求，很多院校往往是从课程和教学的角度出发提出问题，而不是从工作岗位（群）需要的角度出发提出问题。例如："下列课程能否满足企业的工作需要？学校应该加强以下哪些课程的教学？"……实际上企业并不清楚学校的课程都包含哪些具体内容，企业能够说清楚的是相关工作岗位（群）需要的核心知识、能力和素养，至于这些核心知识、能力和素养需要在哪些课程中传授，企业是不清楚的，也很难做出判断。因此，设计的问卷应该从企业需求的角度出发，问卷中提出的问题应该是企业能够明确回答的问题，这样问卷获得的数据才有意义。为了提高问卷设计的质量，特别是关于用人单位对调研专业对应的工作岗位（群）及其要求方面的问题设计，需要问卷设计人员做好前期的案头研究和预调研工作，通过广泛收集用人单位的相关工作岗位（群）的职责与要求、职业大典中的相关职业的工作要求等信息，科学设计问卷问题，确保问卷调查质量。

毕业生调查问卷内容应主要集中体现两个问题：一是毕业生在工作岗位上或工作领域中所需要的核心知识、能力和素养，二是毕业生对调研专业的人才培养的反馈意见，具体包括培养目标的定位、教学内容、教学方式等方面。

②访谈法

用人单位访谈提纲的设计要围绕用人单位对调研专业的技术人才的需求情况展开。为确立调研专业的专业定位，明确调研专业的培养目标提供依据。

同类院校同类专业访谈提纲的设计要围绕着调研专业的专业定位、人才培养目标与培养规格、课程体系等展开，为调研专业的课程开发提供基础材料。

③内容分析法

除了运用访谈法对同类院校的同类专业进行调研外，还需要运用内容分析法进行补充，主要是通过对职业本科学校、应用型本科学校同类专业的人才培养方案的文本进行比较分析，梳理其他院校同类专业的人才培养目标、职业面向、培养规格、课程体系等，为调研专业的专业定位提供可参照的基本信息。

通过专业调研的结果分析，必须明确专业定位，即调研专业的人才培养目标、职业面向及培养规格。这是下一步开展职业分析的基础。

（二）如何开展职业分析

通过典型工作任务分析确定职业能力标准。

1. 典型工作任务及其基本特征[①]

一个职业的典型工作任务描述一项完整的工作行动，包括计划、实施和评估整个行动过程，它反映了职业工作的内容和形式以及该任务在整个职业中的意义和功能。典型工作任务同时也构成一个学习领域课程。每个职业通常有10~20个典型工作任务。

典型工作任务具有如下基本特征：

（1）具有结构完整的工作过程（计划、实施以及工作成果的检查评价）；

（2）能呈现出该职业的典型工作内容和形式；

（3）在整个企业的生产（或经营）大环境里具有重要的功能和意义；

（4）完成任务的方式和结果有较强的开放性。

典型工作任务来源于企业实践，它对人的职业成长起到关键作用。

2. 确定典型工作任务的方法——专家技术人员访谈会

通过专家技术人员访谈会确定典型工作任务。通常由12~15位专家型技术人员组成典型工作任务分析工作小组。专家技术人员访谈会旨在寻找专家技术人员在职业成长过程中经历的、工作过程完整的典型工作任务，它着眼于职业成长。典型工作任务能较为全面地描述职业工作，为确定培养目标和课程体系提供可靠的基本信息。专家技术人员访谈会的目的是：以典型工作任务的形式描述职业工作，为建立课程体系提供基础信息。

访谈会的进程包括：

（1）欢迎与介绍

介绍专家技术人员访谈会的背景、目的、基本指导思想及会议代表是如

[①] 徐涵，谢莉花. 德国职业技术教育研究［M］. 北京：北京师范大学出版社，2021：125-126.

何产生的。

（2）描述个人职业历程，获得对个人职业成长具有典型意义的工作任务

这个阶段以小组工作的方式进行，通常把12~15个人划分为3个工作小组，每个小组4~5人。在小组工作阶段每位与会代表都要列出对其职业成长具有重要意义的典型工作任务清单。为了顺利完成这项任务，需要主持人向会议代表解释清楚两个基本概念——"典型工作任务"和"职业发展阶段"。

典型工作任务能够反映某一职业的典型工作内容和工作方式，它是工作过程结构完整的综合性任务。

职业发展阶段是指专家型技术人员在其职业历程中所从事过、并对其个人发展产生影响的工作岗位、生产车间和其他具体的企业工作范围。

每位与会代表根据对典型工作任务和职业发展阶段的理解，列出对其职业成长具有重要意义的典型工作任务清单，作为下一步小组讨论的基础。

（3）通过小组讨论获得小组认可的典型工作任务清单

首先，集中所有组员都从事过的典型工作任务，讨论并填入预先准备好的典型工作任务表。

其次，讨论那些只有部分人员从事过的典型工作任务。先由相关组员简单介绍这些典型工作任务，阐释为什么它是代表这个职业的典型工作任务，然后全组成员共同讨论并决定是否把这些任务也列入小组共同的典型工作任务表中。

最后，考虑是否有这样的典型工作任务，即所有的小组成员都未从事过，但是对职业有代表性。

（4）获得大家一致认可的典型工作任务表

首先，集中各个小组都认可的典型工作任务，讨论并填入预先准备好的典型工作任务表。

其次，讨论哪些是只有某个小组认可的典型工作任务。先由相关小组简

单介绍这些典型工作任务，阐释为什么它是代表这个职业的典型工作任务，然后所有成员共同讨论并决定是否把这些任务也列入大家认可的典型工作任务表中。

最后，讨论是否有这样的典型工作任务，即各个小组都未列出，但是对职业有代表性的典型工作任务。

经过上述过程最终获得大家都认可的典型工作任务表。

（5）对典型工作任务按难易程度进行分类。

3.如何开展课程结构分析

在课程开发中有两种课程。第一种是针对没有现有课程的职业领域开发新课程，第二种是对现有课程进行修订而形成的课程。

不管是新课程还是修订后的课程，高层次学徒制课程有三个主要目标：一是满足工作岗位（群）/职业（群）所需的知识、能力与素养要求，二是使个人能够适应当前工作的未来要求以及未来工作的要求（可迁移能力），三是为国家的经济、社会与政治生活做贡献。

开发出来的课程应该满足上述三个目标。

（1）课程开发者的任务

高层次学徒制的每个专业通常由公共基础课程、专业基础课程、专业核心课程、专业拓展课程和企业实践课程组成。

每门专业课（不论是基础课、核心课还是拓展课）都被分解为若干学习性任务。每个学习性任务都是一个独立的学习单元，通常覆盖一个具体工作任务或一个重要的基础性技能或知识。课程开发者不仅要将职业分析的结果转化成学习性任务，同时还要思考以下问题。

①适用于整个模块的基础性技能与知识是什么？

②教授知识、技能与素养的最佳方法是什么？

③评价知识、技能与素养的最佳方法是什么？

④教授知识、技能与素养将花费多少时间？

⑤课程的哪些部分最好在工作场所里教授？哪些部分最好在教室或者研讨会上教授？

⑥课程中需要包括哪些核心/通用能力？

课程开发者需要把源于职业分析的数据组织成从教育的角度来说合理的、可教的方式。

（2）课程结构的分析过程

①依据典型工作任务设置课程

- 针对典型工作任务逐一进行讨论，看这个领域是否可以单独设置一门课程；
- 典型工作任务的拆分：有些典型工作任务涵盖的内容太多，需要拆分为两门或更多门课程。拆分的办法是结合具体的工作任务；
- 将若干典型工作任务组合成为一门课程：根据典型工作任务的内在联系进行组合；
- 典型工作任务的融合：有一些典型工作任务的内容可能要融合到其他主要功能中去学习，融合的依据是教学组织的方便。注意教学组织与工作组织的差异。

依据职业分析的结果转换的课程通常是该专业的专业核心课程及专业拓展课程。

②课程名称与课程容量

课程名称确定：专业核心课程的名称一定要突出任务特色，课程名称要明确反映出该门课程的学习目标。

课程容量：不宜过大也不宜过小，建议50~100学时。

课程顺序：依据能力发展规律确立课程顺序。

③基本理论和基本技能课程的开设

课程开发小组可以根据该专业的人才培养目标、国家的相关政策要求确定若干门面向基本理论知识和基本技能的课程。

（三）如何开展课程内容分析

课程体系确立后，需要针对每门专业核心课程进行课程内容的开发，形成基于学习成果的课程标准，为教学的实施提供基本依据。

1. 确定每门课程的具体学习性任务

每门专业核心课程由若干学习性任务所组成，学习性任务源于典型工作任务对应的具体工作任务。这就需要在典型工作任务的基础上开发具体工作任务。

通常一个典型工作任务可以划分为几个具体任务，是根据完成这一典型工作任务的工作过程的要素特性确定的，即这个典型工作任务：

➢ 在哪些不同的工作环境或岗位中进行？
➢ 有哪些重要的工作情境或服务对象？
➢ 有几个和什么样的重要部分工作任务？
➢ 有几个重要的（部分）工作成果或产品类型？
➢ 采用哪些不同的工具、工艺流程、系统或设备？

在典型任务的基础上，按照典型工作任务对应的岗位、服务对象、产品类型、工艺流程、系统或设备来确定具体工作任务。然后在具体工作任务基础上设计学习性任务，可以将具体任务直接作为学习性任务，也可以在具体任务的基础上设计学习性任务。

设计学习性任务应当满足以下要求：

➢ 任务明确、具体（含小组和个人）；
➢ 为学生提供发展关键能力的机会；

- 难度恰当，学生经过努力可以获得成功；
- 有一定的时效性（至少在三年内可用）；
- 符合法律、社会道德和职业规范。

2. 确定学习产出、评价标准和学习内容

针对每一个学习性任务，首先要确定学习产出（学习成果），也就是说学完这个学习性任务，学生必须会了什么、能做什么。

其次，针对每一个学习产出（学习成果）确定评价标准，即教师用哪些知识、能力和素养去衡量学生达到了这一学习产出。

每个学习产出有若干条评价标准。通常它们都是与完成任务所需的知识、能力与素养相关。考虑评价标准的一种方法是它们都是为证明学生已经掌握了学习产出而需要被展示的知识、能力与素养。评价标准应该被描述为动宾结构（如"在可接受的公差内切割金属"）。

最后，根据学习产出与评价标准来确定学习内容，而不是首先给出学习内容，也就是说教师教授哪些内容、学生学习哪些内容不是预先确定的，而是根据学习产出与评价标准来确定的。

3. 撰写基于学习成果的课程标准[①]

根据课程标准模板撰写基于学习成果的课程标准，详见表5-2。模板中的内容应是一个完整的课程标准中包含的内容，各院校可以根据自身的特色添加相关内容。

本模板用于描述具体的专业课程，课程标准的大部分信息来自职业分析结果。

---

① 徐涵，韩玉. 基于学习成果的职业教育课程标准开发与实践 [M]. 北京：北京师范大学出版社，2021：68-73.

表 5-2　高层次学徒制专业课课程标准模板

<table>
<tr><td colspan="2" align="center">×××课程标准</td></tr>
<tr><td colspan="2">一、课程性质与地位
二、课程的目的与目标
三、课程设计的理念与思路</td></tr>
<tr><td>学习性任务名称与编号</td><td>学习性任务一：</td></tr>
<tr><td>教学目的</td><td></td></tr>
<tr><td>学习内容</td><td></td></tr>
<tr><td>学习产出</td><td>在成功学习完此任务后，学生可以：
1.
2.
…</td></tr>
<tr><td>评价标准</td><td>1.1
1.2
…
2.1
2.2
…</td></tr>
<tr><td>学习性任务名称与编号</td><td>学习性任务二：</td></tr>
<tr><td>…</td><td>…</td></tr>
<tr><td>…</td><td></td></tr>
<tr><td colspan="2">四、课程的主要内容与要求
五、教学策略与教学方法
六、评价策略与评价方法
七、课程实施建议
（一）教师的配备与素质要求
（二）教学设备配置要求
（三）课程资源（包括教材与学材、网络教学资源等）</td></tr>
</table>

（1）课程性质与地位

要明确该课程在整个人才培养中所处的地位与作用，是什么性质的课程，与其他课程之间是什么关系等。

（2）课程的目的与目标

课程的目的是宏观阐释通过本课程的学习学生应获得的主要学习成果。课程目标是课程目的的具体化，由知识目标、能力目标和素养目标所构成。

（3）课程设计的理念与思路

要阐述设计本课程的基本理念和思路，应体现出当代职业教育课程改革的先进理念。

（4）课程的主要内容与要求

这是课程标准的关键部分，也是基于学习成果的课程标准的特色所在。"课程的主要内容与要求"描述案例详见表5-3。

表5-3 "课程的主要内容与要求"描述案例

学习性任务的名称与编码①	分析与测试电子产品
教学目的②	本任务的目的在于为确保学生从事预期的工作，学生应具备分析电子产品结构和测试它们性能的技能、知识与素养。
学习内容③	• 电气测量 • 电路 • 电子产品与电路的安装 • 电子产品的调试以排除障碍 • 故障分析 • 隔离程序 • 电路与电子产品的装置与零件

① 名称来自职业分析中的具体工作任务。
② 简介描述学生将用知识与技能做什么。
③ 描述学生将学习的知识、能力和素养。

续表

学习性任务的名称与编码	分析与测试电子产品
学习内容	- 开发原型 - 生产过程 - 设备测试 - 持续改进技术
学习产出 [①]	在成功学习本任务后,学生将能够: 1. 识别电子产品中电路的类型 2. 安装电子产品和电路 3. 排除电子产品的故障 4. 分析电子产品及其零件中的故障 5. 隔离故障产品和产品零件 6. 识别电路和电子产品的零件 7. 开发电子产品的原型 8. 说明电子产品的生产过程 9. 测试电子设备 10. 展示不断改进过程的应用
评价标准 [②]	2. 安装电子产品和电路(学习产出第二条) 2.1 解释电子产品的用途 2.2 识别所需电子线路 2.3 检查工作台以确保安全的工作环境 2.4 按工作顺序选择和测试安装所需的工具与设备 2.5 根据厂家说明书和行业标准安装电路 2.6 根据厂家说明书和行业标准安装电子产品 2.7 测试电子产品以确保安全工作 2.8 根据厂家说明书/行业标准/职场规定清理工作区、工具与仪器 2.9 安全、环保地处理废弃产品

---

① 列出所有构成本任务的学习产出。
② 描述学生取得学习产出需要展示的知识、能力与素养。

①怎样确定学习性任务的名称

根据职业分析结果确定学习性任务，通常采用动宾结构的方式表述，它应该是以动词开始，描述学生将做什么。有时候需要描述学生完成某个任务需要用到的知识。这时，学习性任务的名称可能以"解释""限定""分析""计算""列举"等动词开始。

有时有些学习性任务并不直接源于职业分析的结果，它们通常是基础技能与知识，如职业健康与安全。职业健康与安全可能在每个职业中都不同，那么它们需要在每门课程中都被涵盖。对此有两种选择：

一是它们可以被单独放置在一门课程中；

二是可以被整合到课程中每个相关的学习性任务中。

②怎样确定教学目的

目的陈述应简洁地描述学习性任务的综合目的。撰写目的的一个好方法是这样开始句子："在成功学习完单元后，学习者将能够……"或者"本单元提供给学习者做……的知识与能力"。

③怎样确定学习产出

学习产出是预期的学习成果，这意味着学习产出并不描述学生将学什么、他们将被教授什么或者怎么被教以及怎么学。学习产出被描述为学习完某个学习性任务后学生将能够做什么。它们应该是清楚、准确的，并以主动式动词开始。同时很重要的是要确保学习产出是产出而不仅仅是过程列表。这样它们就会有更长的生命力，因为它们描述的是应用技能与知识的产出而不是应用某种技术的过程。

撰写学习产出的一种很好的方式是查看教学目的，询问为了达到目的学生必须展示什么。这并不意味着所有的学习产出必须是基于任务的。根据开发者的判断可能需要添加描述基础性技能与知识的学习产出，在这种情况下，动词将描述属于认知领域甚至情感领域的东西，而非动作技能领域的东西。

④怎样确定评价标准

评价标准是用来判断学生是否获得学习产出。它们应以动词开始，描述学习者将做什么以证明他们掌握了学习产出（可能是认知领域、情感领域或动作技能领域）。有时在评价标准中把绩效标准、条例、执行任务的时间等涵盖在内很重要。这取决于学习产出和教学目的。

评价标准通常与学习产出相关联，也就是说每个学习产出都有它自己的评价标准。但是，有时也有可能产生涵盖所有学习产出的评价标准列表。这样有助于确保评价是针对学习性任务整体。

⑤怎样确定学习内容

根据学习产出和评价标准确定学习内容。可以问这样一个问题："为了达成学习产出，人们需要学习什么？"

（5）教学策略与评价策略

这些应该是建议性的而非规定性的。要认识到不同的学习环境可能要求不同的教学策略和评价策略。在以学习者为中心的体系中，学生的需求是第一位的。适用于这所高校的策略并不一定适用于其他高校。

通常情况下，这些策略可以涵盖一系列可能的策略以便各高校选择最适合他们学生的策略。

课程开发者需要运用他们自己的知识与教学经验选择最合适的策略。教学策略和评价策略应该与学习产出相匹配。

关于教学策略。有时候某种特定的教学策略是必要的，这是由教学目的和学习产出决定的。在这种情况下，可以给出教学方法的建议。

关于评价策略最重要的一点是要牢记策略应考虑到收集学生取得学习产出的证据。评价可能是基于知识与实际技能的证据的收集。

评价方法应该包括知识评价和能力评价。评价者应该针对不同的学习产出，运用不同的评价方法以确保收集到不同的验证材料。由于要对学习成果进行整体评价，所以评价也必须是整体性的，而非分散的绩效标准。评价必须基于知识和技能在工作场地的实际运用。

（6）课程实施的建议

这部分包括课程实施所需要的教师配备与要求、教学设备配备与要求，以及课程资源。

关于教师配备与要求，需要明确任课教师的基本素质要求，包括学历、专业知识与技能、教育教学能力以及相关职业经验等。

关于教学设备配置与要求，需要明确本课程的实施所需要的专业教室、实训室、实训基地等及其承担的实训项目、设备要求、承担实训的规模等。

关于课程资源，需要明确本课程采用的教学用书、参考用书、网络课程资源与学习资源等。

五、人才培养方案的主要内容与要求

（一）明确培养目标与培养规格

1. 培养目标

根据专业社会需求调研结果和办学特色，高校和合作企业共同确定高层次学徒制人才培养目标。高层次学徒制培养目标应定位于具有良好的职业道德和人文素养，适应各行业发展需要的专业性强、侧重技术应用与开发的高级技术人才。培养目标能反映学生毕业后三至五年在社会与专业领域预期能够取得的成就。

2. 培养规格

培养规格由知识、能力和素养三方面的要求组成，根据专业社会需求调研结果和职业分析结果具体确定。

知识方面应包括文化基础知识、专业基础知识和专业核心知识；能力方面应包括专业（职业）基本能力、专业核心能力、跨专业能力；素养方面包括职业道德、核心人格特质和关键行动能力。知识、能力和素养应清晰、具体、可执行、可跟踪、可评价，并分条目列举。

（二）实施工学交替的教学组织方式

校企共同制订人才培养方案和课程标准，实施工学交替的人才培养模式，科学确定理论与实践交替进行的教学组织安排，注重学校教育与企业生产实践相结合，原则上理论课程在学校进行，实践类课程在工作岗位进行。根据校企合作的具体情况，在规范实施工学交替教学组织方式时，高校和合作企业具有一定灵活性。双方可以整学期或半学期安排校内与企业、理论学习与岗位训练交替进行，有条件的专业也可采取理实融合的方式进行。总体上，学生在企业岗位上学习时间应不少于一年。

（三）科学规范设置课程

1. 课程设置的总体要求

课程设置应紧密围绕培养目标要求，对培养目标形成充分、有效支撑，特别是要针对职业素养、专业技术技能、岗位职业技能等核心目标培养设置相关课程。课程设置要充分考虑德智体美劳全面发展的要求，充分考虑企业岗位需要和行业岗位（群）需要，充分考虑现实就业和未来持续发展的要求。

2. 构建模块化课程体系

根据专业社会需求调研结果和职业能力标准，构建由公共基础课程模块、专业基础课程模块、专业核心课程模块、专业拓展模块以及企业实践模块构成的模块化课程体系，将新技术、新工艺、新规范在课程中充分体现与融合，体现理论与实践一体化教学设计。

（1）公共基础课程模块

严格按照国家有关规定开齐开足公共基础课程。将思想政治理论课、体育课、军事课、心理健康教育课等课程列为公共基础必修课程，围绕党史、新中国史、改革开放史、社会主义发展史、中华优秀传统文化、革命文化、社会主义先进文化、法律法规等开设思政类选择性必修课，将职业发展与就业指导、创新创业教育、信息技术、大学语文、高等数学、外语、健康教育、美育课程、职业素养等列为必修课或限定选修课。

（2）专业基础课程模块

专业基础课程模块着重于建立相对够用的专业知识基础，奠定学生学业发展基石。专业大类的各专业，要尽量设置相同的专业基础课程，并在此基础上设置专业核心课程。

（3）专业核心课程模块

专业核心课程模块是指为培养学生掌握必要的专业知识和专业技能，了解专业的前沿技术和发展趋势，分析解决实际问题的能力而设置的课程。

（4）专业拓展课程模块

专业拓展课程是"以就业为导向"，以增强学生的综合职业能力为目标，从用人单位的需要出发拓宽专业知识面、开阔学生视野而设立的符合专业特色和行业特点的选修课程。

（5）企业实践模块

企业实践模块主要指企业工作岗位学习，合作企业根据专业定位和人才培养目标确定企业工作岗位学习内容、制订企业实践教学计划，并与学校协商确定企业工作岗位学习的时间安排，原则上在企业的总体学习时间不少于一年。

（四）科学设置各类课程学时学分比例

1. 保证选修课程比例

以个性化人才培养为目标，增加开课数量，给学生提供更多选择机会，选修课程所占学分比例不低于总课程学分的15%。

2. 实践环节学分比例

实践环节课程主要包括：入学教育、军事训练、社会实践、劳动、专业实训、专业实习、综合实习、毕业实习、毕业设计等。实践环节课程为必修课程，实践环节学分比例不低于总课程学分的50%。

六、明确高层次学徒制所需的教学条件

（一）明确高层次学徒制师资配置要求

学校配备的高层次学徒制的专任教师应具备本专业或相关专业硕士及以上学历，专职教师要具备工作实践经历，其中部分教师要具备一定年限的企业工作经历。企业为学生（学徒）配备的企业师傅应具备良好的道德素养，热心教育，具有中级以上专业技术职称。

（二）明确高层次学徒制实践教学条件要求

按照"内外互补、产教兼顾、资源共享"的原则，校企共建融教育、培训和科研为一体的共享型人才培养实践平台。学校要配备能满足高层次学徒制教学要求的专业教室、专业实训室、模拟仿真实训中心以及生产性实训基地。企业要能够为高层次学徒提供不同的工作岗位学习机会。

（三）明确教学资源条件

一是明确选用教材（或编制校本教材）的基本原则。高层次学徒制专业应选择校企合作编写的规划教材，鼓励学校根据高层次学徒制教学要求，与企业合作编写活页式、工作页式教材；二是根据高层次学徒制的教学要求明确信息化教学资源配置，为高层次学徒制的实施提供保障条件。

（四）促进书证融通

积极推进学历证书与职业技能等级证书的深度融合，切实解决人才培养与证书标准相脱节、人才培养过程与证书培训过程相脱节、专业考核与证书考核相脱节的问题。明确职业技能等级证书与相关课程深度融合的路径和规则，将证书对应课程的知识点和技能点进行拆分，通过认证转换单元将双方的技能点比对、融合，将职业技能等级证书的新技术、新标准、新规范与人才培养方案深度融合。

（五）严格毕业要求

学生毕业时应达到学校对本科生提出的德智体美劳等全面发展的要求，在规定的修业年限内，完成专业人才培养方案规定的全部教学环节，所学课程全部合格，修满规定学分。获得至少一个与专业直接相关的职业资格证书或职业技能等级证书。

第六章
教学组织与实施

教学组织与实施是高层次学徒制人才培养的中心工作，是实现高层次学徒制人才培养目标的基本途径。高层次学徒制教学组织与实施的核心问题是如何科学合理地促进工学结合、知行合一。

一、校企合作制订教学计划

（一）校企共同制订教学计划

高层次学徒制教学计划应由学校和合作企业共同制订，包括专业教学计划表以及具体的课程教学设计。校企共同制订教学计划，须成立校企人员共同组成的专业教学指导委员会或组织校企双方专家工作组会议，共同负责课程实施的教师，共同制订教学计划，形成教学计划文件，作为教学组织与实施的统一要求和标准。

（二）教学计划规范科学

科学规范地编制高层次学徒制教学计划，应以人才培养方案、课程标准等教学文件为依据，兼顾学校和企业的时空要素，充分调动开发各方教学条件和资源，同时注重教学计划的规范性，确保教学计划的科学性和可行性。

二、优化教学设计

教学设计主要解决三个问题：做什么？怎样做？做得怎么样？第一个问题要解决教学目标的问题；第二个问题要解决教学措施的制定问题，即教学的内容、方法、方式和手段等；第三个问题要解决教学评价的问题，即制定评价标准、明确评价主体和评价方式。教学设计方案的构成主要包括教学目标分析、学习者特征分析、教学活动设计、教学环境和资源设计、教学评价设计等。科学合理地进行教学设计，要具有针对性和适切性，能够突出高层次学徒制的教学特点，每一部分教学设计的方法及注意问题如下。

（一）教学目标分析

教学目标是指教学活动实施的方向和预期达成的结果，是教学活动的导向，也是学习评价的依据，是一切教学活动的出发点和落脚点。教学目标分析至少要解决两个问题：一是了解学生的现实水平，确定学习的起点；二是根据教学的期待性目标，决定达成性目标。在教学目标的确立过程中，必须以人才培养目标、课程目标等为教学目标确立的依据，把各个教学目标放在整个教育教学体系中来衡量其地位和作用。

教学目标的分类：课程教学目标、单元教学目标、课时教学目标，理论教学目标、实践教学目标，行为目标、表现性目标、生成性目标。教学设计首先要明确教学目标的类别，进而确定教学内容、知识点以及预期达成的学习成果。

教学目标分析要求：

（1）按照社会发展、职业发展和个体发展需求设计教学目标，科学分解学习单元及知识点，注意突出学校和企业两个场所的教学特点。

（2）按照教学目标分类理论规范表述学习水平，并利用操作性行为动词具体描述，注重行为目标、表现性教学目标的设计。

（3）要体现教学目标的导向功能、调控功能、中介功能和评价功能。

（4）要反映行业领域企业的实际用人需求，考虑与课程标准以及职业岗位技能标准的对接。

（二）学习者特征分析

教学设计非常重视对学习者不同特征的分析，并以此作为教学设计的依据。学习者特征分析要关注学生学徒双重角色，对学习者认知能力（水平）、初始知识技能水平、学习兴趣和学习态度等进行具体分析。

（三）教学活动设计

教学活动设计主要考虑"预设"和"生成"两类活动，突出高水平教学预设和课堂生成的有效结合。注重学生的主体性发挥，引导对工作内容和工作过程知识的整体性、沉浸式学习，以探究性、协作性、反思性教学过程引导学生专业能力及职业素养的生成。

教学活动设计应侧重于技术知识的应用及工作现场问题解决，强化工作本位学习中的专业教学内容。

（四）教学环境和资源设计

教学环境和资源设计是根据教学目的和内容对相关教学信息进行整理、储存、表达和实施。注重产教优势互补，充分呈现高层次学徒制隐性知识的承载与传递。

1. 教学媒体的选择

高层次学徒制中的教学媒体包括教材、音像资料、设备与模拟设备、计算机等。教学媒体的选择应与教学内容、教学目标、教学形式、教学方法、媒体使用因素、经济因素等密切相关，注意选择可以存贮和传递相应教学信息，并且能够直接介入教学活动过程的媒介载体。

2. 教学课件的设计

根据教学目标与教学策略设计，采用编辑工具，实现素材的整合，鼓励主题探究式教学课件的设计。

3. 教学资源的运用

综合运用线上线下的教学条件及情境，充分运用各类教学资源，包括主题教学资源库、微课视频、仿真模拟等。

（五）教学评价设计

教学评价是由评价者（评价主体）、评价对象（评价客体）、评价方法、评价标准等基本要素构成，具有检验教学效果、诊断教学问题、提供反馈信息、调控教学进程和引导教学方向的功能。学生学业质量评价是高层次学徒制教学评价的重要组成部分，学校教师和企业师傅应根据评价问题、评价目的、评价对象、学校教学实际及可用的教学评价资源，遵循可行性原则、客观性原则、整体性原则、指导性原则、实效性原则，设计经济、有效、操作性强的学生学业质量评价方案，包括评价目的、指导思想、基本原则、评价内容和标准、评价方法、评价步骤、具体的时间安排以及相应的保障条件等内容。

学生的学业质量评价设计要注意：

1. 明确学生学业质量评价的类型

依据不同的标准和角度，教学评价可分为不同类型。按照教学评价在教学过程中的时间和发挥作用的不同，可将其分为诊断性评价、形成性评价和总结性评价。三种形式的评价既相对独立，又具有互补性。按照教学评价标准的不同，可将其分为相对评价、绝对评价和个体内差异评价。一般在一个具体的教学评价中，三种评价方式交织在一起混合使用，但三者的适用范围和适用时机有所区别。就适用范围来说，对于各种学习效果，如知识、能力等方面的评价，应以绝对评价为宜；对于个别学生的学习指导，应以相对评价和个体内差异评价为宜。[1] 按照教学评价对象的复杂程度，可将其分为单项评价和综合评价。按照教学评价的方法分类，可将其分为定性评价和定量评价，两种评价方法各有优缺点，在教学评价实施过程中，注意用定性评价弥补定量评价的不足。

2. 制定学生学业质量评价标准

学生学业质量评价标准是对学生在不同学段所应达到的学业成就（学习结果）进行的标准化描述，旨在明确告诉教师，学生在经过一定时间的学习后应该知道什么和能够做什么，以及通过什么方法和证据来判断学生是否达到了标准的要求。学业质量评价标准主要以专业的课程标准和职业资格标准、岗位标准等职业教育标准为依据制定，不适宜采用基础教育或普通专业教育的百分制或者 ABCD 等级来标定学生的学业成就。[2] 例如，一项职业任

---

[1] 冯文全，冷泽兵，卢清.教育学［M］.成都：电子科技大学出版社，1996：449.
[2] 邓泽民.职业教育教学设计［M］.北京：中国铁道出版社，2016：238.

务需要五个步骤完成，学生按要求完成了四个步骤的操作，不能评价为90分，因为这样的评分就会出现优秀学生不能胜任相应职业岗位工作的情况。因此，学生学业质量评价标准，应根据其学习后的行为表现和行为结果决定。

学业质量评价标准的"内容标准"体现在课程标准的"课程目标"和"课程的主要内容与要求"中，一般要回答学生应该知道什么，能够做什么，或者应该掌握哪些知识、技能。它以简明扼要的方式列出需要学习或教学的概念、原理、问题以及相应的认知要求或认知技能等内容，并以动词表示其能够明确评价的具体行为。"表现标准"主要描述学生学到多好算好，教师进行表现标准设计要具体化表现水平，并运用表现描述语、样例等具体化表现标准。

三、加强教材建设

（一）教材选用的依据与要求

（1）选用的教材必须符合社会主义市场经济建设、社会发展和科技进步对人才培养的需要，遵循高等教育教学规律和技术技能人才成长规律，运用辩证唯物主义和历史唯物主义的方法，全面、准确地阐述本专业的基本理论、基本知识和基本技能。

（2）选用的教材必须符合本专业人才培养目标及课程教学的要求，取材合适，深度适宜，分量恰当，对接职业标准和岗位（群）能力要求，符合认知规律，富有启发性，有利于激发学生学习兴趣，提升学生知识、能力和素质。

（3）选用的教材应文字精练，语言流畅，文图配合恰当，图表清晰准确，符号、计量单位符合国家标准。加工、设计、印刷、装帧水平高，价格合理。

（4）优先选用国家或省级规划教材。

（二）校企合作编写教材

倡导校企合作开发符合高层次学徒制育人特点和课程需要的校本教材。

1. 校企共同参与编写

须有一定数量的行业协会、企业界人士参与，保证基于行业企业现状、岗位人才需求分析来开发教材。

2. 注重书证融通

在培养学生重点掌握专业领域基本技能的基础上，教材内容与专业技能等级证书有效衔接。

3. 开发工作页、活页式教材

满足工作场所学习需要，创新设计工作页、活页式等新型教材。目前已经出版了一些说明这些教材的具体设计与开发程序和方法的参考书，如王亚盛等著《职业教育新型活页式、工作手册式、融媒体教材系统设计与开发指南》等，这里不再赘述。

4. 适应行动导向教学

与行动导向教学理念相适配，让学生了解所学理论、概念应怎样实践及如何应用，激发学生对理论学习的兴趣和效果。

5. 注重实操性

实用性和技巧性强的章节，要设计相关的具备真实性的实践操作案例和配套的实践课程。

6. 提高教材与学生的交互性

编写体例规范，语言简练精要，可通过精心设计的图表、例题和习题激发学生探究学习。

四、强化教学资源建设

校企共建教学资源,搭建共享教学平台,使教学资源伴随相关行业知识技术技能的发展而不断丰富和更新。

(一)教学资源建设的总体要求

应吸纳企业全程参与,建立教学资源开发与建设的总体规划与制度;搭建信息化分享平台和教学信息管理系统,提高教学资源使用效率,监控教学质量;坚持校企共建共享原则,既服务学校课程教学,也服务于企业员工培训以及社会培训;支持创新创业教育的相关课程及教学。

(二)教学资源建设的方法

1. 成立教学资源建设工作组

成立学校和企业等共同参与的教学资源建设工作组,适当吸纳具有教学实践经验和影响力的专家,对相关教学资源建设工作提供研究、咨询和指导服务。

2. 梳理知识图谱

面向相关专家和企业一线高技能人才广泛征求意见,研究制定覆盖知识领域、知识单元和知识点的相关领域知识图谱。(如果相关领域教学资源库已建成且比较成熟,可以参考)

3. 开展资源建设

以相关领域知识图谱为基础,组织相关人员建设视频、课件、习题、案例、实验项目、数字教材、实训项目、数据集等教学资源,同时开展相关教学支持系统及环境等建设。

4. 评估与更新

建立定期评估制度，邀请专家、相关企业人员及教师和学生进行研讨和评估，对教学资源进行优化与更新。

（三）教学资源建设现代化

科学技术快速发展，人工智能、大数据、学习分析等技术在教育领域、产业领域逐渐应用，学校和企业与时俱进强化教学资源建设，满足高层次学徒制专业升级和数字化改造以及新一代信息技术与教育教学深度融合的客观要求。高层次学徒制教学资源建设现代化的核心内容包括教学资料现代化、教学支持系统现代化、教学环境现代化等。

1. 教学资料现代化

指教学过程中使用的数字化信息与素材、教学软件以及补充材料等教学资料。学校和企业可以通过数字化教育资源平台获取相关教学资源，也可以由学校和企业等利益相关者合作自主开发相关数字教学资源，包括多媒体素材、CAI课件、网络课程等。

2. 教学支持系统现代化

指支持学习者学习的内外部条件，包括数字化设备、数字化平台、数字化软件以及相关的人员服务。学校和企业应根据实际教学需求，积极完善相关普通电教室、多媒体综合电教室、智能实训室、CAI教室、网络教室、电子阅览室、闭路电视系统等基础设备、设施、场所的建设，及时更新相关软件，并对相关技术支持人员进行培训，全面支持师生开展信息化教学，并利用现代信息技术保存过程性教学信息，以便做好教学质量监控与反馈。

3. 教学环境现代化

指学习者能够运用教学资源建立学习的具体情境，包括数字资源之间的系统性和交互性，学生与数字资源之间的互动，以及学生与教师之间的信息沟通与交流方式等。学校和企业营造现代化教学环境，一方面，要加强教育信息化基础设施建设，如数字校园、数字媒体制作室、数字化教室、虚拟仿真实训资源、个性化自主学习系统等，加快建设适应高层次学徒制人才培养的管理服务与资源服务信息化支撑平台，着力解决实习实训教学中"进不去""看不见""动不了""难再现""难互动""难沟通"等问题，服务于课程开发、教学设计、教学实施与教学评价，完善并执行相关使用规定。另一方面，通过讲座、"双师"结对、送教上门等集中培训和个别指导方式，使专兼职教师、学生掌握基本的人与人、人机间的沟通交互技能，保障数智化教学的实施，提升高层次学徒制教育教学效能。

五、倡导实施以学生为主体的教学模式

高层次学徒制需要学习者的主动参与，营造新式师徒关系，创新教学方法，有利于让学生完成主体意识下的自主学习，从而使之养成更高尚的职业精神、更精深的专业能力及更卓越的综合素养。下面介绍几种以学生为主体的教学理念与模式，包括行动导向教学、认知学徒制教学、问题导向教学，教师应根据具体的教学目的、教学内容及学习情境，权宜设计与运用。

（一）行动导向教学

行动导向教学是职业教育的教学理念，高层次学徒制教学倡导行动导向教学。行动导向教学不是一种具体的教学方法，而是以行动或工作任务为导向的一种职业教育教学指导思想与教学模式，是由一系列的以学生为主体的教学方式和方法所构成的。

1. 行动导向教学的主要特征

（1）以培养职业行动能力为目标

德国联邦职业教育研究所将职业行动能力定义为"是人们从事一门或若干相近职业所必备的本领，是个体在职业工作、社会和私人情境中科学的思维、对个人和社会负责任行事的热情和能力，是科学的工作和学习方法的基础"[1]，它由专业能力、方法能力和社会能力所构成。为了达成职业行动能力的培养目标，学校和企业均把行动导向教学作为教学法的基本理念。

（2）以学生为教学过程的主体

与传统教学相比，行动导向教学是学生有目标的有意识的行为，是学生职业知识、技能的意义构建过程。在行动导向教学中教师与学生的角色发生了根本的变化，教师不再只是知识的传授者，更多的是学生学习的指导者、咨询者和评价者；学生是教学过程的主体，在教师的引导帮助下积极主动地学习，更强调由学生自己设立学习目标并且自我控制学习过程。

（3）在完整的行动中学习，体现了学习的整体性

行动导向教学有完整的行动过程，按照工作过程的工作思维设计教学过程，由信息、计划、决策、实施、控制和评价六个阶段构成。学生通过在完整工作过程中的行动学习体验完整的职业工作过程，注重与职业情境相关的感受和经验积累。

（4）反思性学习

行动导向教学是批判性的、创造性的、解决问题的、发现式的学习，强调学生对学习过程的所有环节都进行反思性行动，进而实现"自我控制"，不断总结经验，提升自我。

---

[1] 徐涵.工作过程为导向的职业教育理论与实证研究[M].北京：商务印书馆，2013：41.

（5）综合性学习

行动导向教学跨越了传统的学科界限，将原本属于不同学科的多方面内容组合在一起，是一种关联性的学习，学习内容复杂，需要多方面观察，引入多角度思考。行动导向教学不强调知识的系统性，而是关注"案例"和"发现"以及学生自我管理式学习。

2.行动导向教学主要方法的选择与应用

（1）项目教学法[①]

项目教学法是指师生通过共同实施一个完整的"项目"工作而进行的教学活动。项目是指以生产一件具体的具有实际应用价值的产品为目的的任务或者以提供一项服务为目的的任务。在技术领域里的所有产品，以及在商业、财会和服务等行业，所有具有整体性并有可见性成果的工作都可以作为具体的"项目"。它是行动导向教学中代表性的教学方法。

①项目的设计

在项目教学法中，教师的主要任务是创设学习资源、协作学习环境、监督评估学习情况。教师在选取、设计教学项目时应该符合下列标准。[②]

> 该项目可用于学习特定的教学内容，具有一定的实用价值，具有一个轮廓清晰的任务说明，如生产一个工件，连接一个电路等；
> 能将完成某一工作任务的理论知识和实践技能有机结合；
> 与企业实际生产过程或现实商业活动有直接的关系；
> 由学习者执行任务，学生有独立进行计划工作的机会，在一定的时间范围内可以自行组织、安排自己的学习行为，有利于培养创造能力；
> 具有可展示的、明确而具体的成果；

---

① 徐涵.工作过程为导向的职业教育理论与实证研究［M］.北京：商务印书馆，2013：74-77.
② 李婉琳.职业教育教学方法［M］.沈阳：沈阳出版社，2001：91-92.

- 学生自己克服和处理在项目中出现的问题与困难；
- 从学习者的角度看是复杂的任务，具有一定难度，不仅是对已有知识、技能的应用，而且要求学生运用已有知识，在一定范围内学习新知识技能，解决过去从未遇到过的实际问题；
- 学习结束时，师生共同评价项目工作成果以及工作学习的方法。

上述八项标准是理想项目应具备的。实际上，在实际的教学中很难开发出满足所有条件的项目，当一个项目能满足大部分的标准时，就可以作为一个教学项目来对待。

②项目教学法的实施

通常情况下，项目教学法由下列六个教学阶段构成：

- 确定项目任务。通常由教师提出一个或几个项目任务设想，然后与学生一起讨论，对项目目标进行细化，分解为具体的、可操作的任务，明确每项任务的要求和完成标准，最终确定项目的任务与目标；
- 制订计划。根据项目目标和任务，制订详细的项目计划，包括每项任务的具体实施步骤、所需资源和人员分工等；
- 作出决策。教师与学生共同讨论项目工作计划的草案，并确定最终的工作计划、实施步骤和程序；
- 实施计划。根据工作计划、项目需求和学生特点，将学生分成不同小组，各小组按照项目计划和时间表，开展实践活动，包括收集资料、调研、讨论、设计等。教师在此过程中给予必要的指导和支持；
- 检查控制。根据质量控制单，学生自行或由他人进行工作过程或产品质量的控制；
- 评价反馈。先通过学生自评或互评的方式对工作结果进行评估，再由教师进行检查评分，之后由师生共同讨论、评价项目实施过程中出现的问题，学生解决问题的方案以及学习行动的特征。通过讨论评价工作的结果，发现其中的问题，为将来改进不足提供借鉴。

（2）引导课文教学法[①]

引导课文教学法是指借助专门的教学文件——引导课文，通过工作计划和自行控制工作过程等手段，引导学生独立学习和工作的一种项目教学方法。引导课文可以被理解为部分预先结构化的教学，这种教学能够激发学习者自主学习动机。引导课文教学法的目的是培养学生独立工作、解决问题的能力。学生在引导课文的帮助下，通过自我开发和研究式学习，掌握解决实际问题所需的知识技能。

①引导课文的构成

- 任务描述。引导课文的任务描述通常情况下是一个项目的工作任务书。可以用文字，也可以用图表的形式来表达；
- 引导问题。通过引导问题，学生可以想象完成工作任务的全过程，设想出工作的最终成果，获取工作所需的信息，制订工作计划；
- 学习目的的描述。学生应能从引导课文中知道他能够学习到什么东西；
- 学习质量监控单。学习质量监控单的目的是使学生避免工作的盲目性，以保证每一个工作步骤的顺利进行；
- 工作计划。完成工作任务的内容与时间安排；
- 工具、材料需求表。完成工作任务所需的工具及材料的列表；
- 专业信息。为了促进学生学习能力的发展，教师不给学生提供现成的信息材料，只提供能够获取这些信息的渠道与途径，培养学生独立获取专业信息的能力；
- 辅导说明。在专业文献中找不到的有关工作过程、质量要求、劳动安全规程和操作说明书等。

[①] 徐涵，王鸿. 德国职业培训中广泛应用的新方法:引导性课文方法[J]. 职教论坛,1994（9）:43-44.

②引导课文教学法的实施

引导课文教学法的教学过程遵循完整工作过程的六个阶段,即获取信息、制订计划、做出决定、实施计划、检查控制和评定结果,详见图6-1。

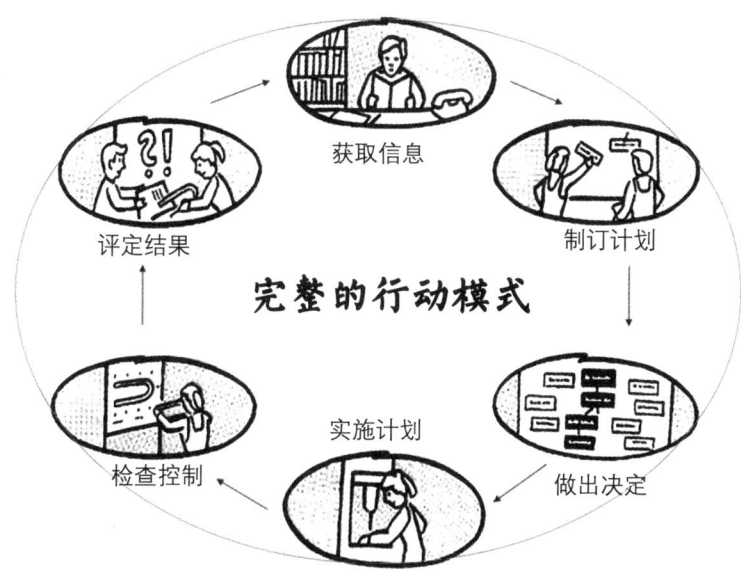

图6-1 完整的行动模式

- 获取信息。获取信息阶段的目标是获取对下面几个环节而言所必需的信息。在该阶段,学生在教师的帮助下,在引导性问题的提示下,运用各种教学媒介,尽可能独自地获取完成某项任务所必需的信息。
- 制订计划。这是整个行动的前提。在制订计划阶段,学生在引导性问题的引导下,制订出一个工作进程计划,学生可以以小组或个人的方式制订。在制订计划的过程中,遇到疑难时,学生可以从教师那里获得帮助。

- 做出决定。在决定阶段，将对学生提出的解决问题途径以及运用的手段是否正确予以确认。在该阶段，通过学生和教师之间的专业谈话，明确在学生的思考中哪些是值得肯定的，哪些地方还存在偏差和错误，并在教师有目的的指导下修正错误，最终确定完成任务的途径及手段。
- 实施计划。此阶段根据确定的任务途径和实施手段，学生独立实施工作计划。这个阶段教师的主要作用是监督学生工作，以及学生在遇到困难或不解时给予帮助。此阶段特殊的意义在于激发学生思考的动机，使之始终处于积极思考状态。
- 检查控制。此阶段应该主要通过自我控制的方式来实施。因为学生只有通过自我评价工作质量并独立发现问题成因，才能培养其在今后的工作中具备独立能力，此外还要由培训师傅进行客观性控制。
- 评定结果。控制结果和已完成的工作任务构成专业谈话中进行评价的基础。评价反馈阶段的任务是探索学习成就的原因。在引导性问题的引导下，学生根据评估单对自己的工作成果进行评价，并与教师进行专业谈话，共同探讨学习成就与造成错误的原因，通过评价来发展学生对工作的质量意识并改进学生的工作行为。

在获取信息、制订计划和评定结果阶段都有相应的引导问题（详见表6-1），引导学生自主地进行学习。

表 6-1 引导性问题

获取信息——引导问题 1
写出工作任务目标。
达到目标需要什么知识或技术？
其他练习中的哪些经验可以应用到这一练习中来？
什么地方可以获得所需信息？是从专业书籍中或图表、胶片、媒体（影片），还是从教师那儿？……

续表

> **制订计划——引导问题2**
> 　　完成该项工作,需要哪些工作步骤和工作材料?在计划中,哪些方面要执行质量控制?
> 　　工作的每一阶段需要什么机器、辅助手段、测试工具和测量设备?
> 　　工作时要注意哪些安全预防措施/事项?
> 　　要采取什么行动以保证不损害工具、材料和机器?
> 　　为自己的工作开发评估单。
> **评定结果——引导问题3**
> 　　依据评估单进行评估:找出错误原因,并考虑纠正错误的方法;与教师讨论工作结果。

引导课文教学法不只是教学法意义上的一种方法,确切地说它是一种"引导性课文计划"。该方法的运用可以促进学生在以下诸方面的发展:

➢ 独立地制订工作和学习计划的能力;
➢ 职业行为领域内的知识与技能;
➢ 在共同的学习、工作中的社会行为规范;
➢ 对工作的责任意识和自我意识。

(3)案例教学法

案例教学法是以案例分析为基本教学形式的教学方法,是指针对某个特定问题,向学生展示真实背景,提供大量背景材料,由学生依据背景材料来分析问题,提出解决问题的方法,其目的在于培养学生独立、灵活分析问题和处理问题的方法与能力,养成向他人学习的习惯。案例的选择是案例分析法成功的关键,行动导向教学中的案例应该来源于真实的职业工作,能引发学生完整的职业行动过程和思维过程。[1]

①案例教学法的基本步骤[2]

➢ 教师引入真实案例或虚拟案例,使学生发现其中所存在的问题;

---

[1] 赵志群.职业教育行动导向的教学[M].北京:清华大学出版社,2016:84.
[2] 徐涵.工作过程为导向的职业教育理论与实证研究[M].北京:商务印书馆,2013:81-82.

- 教师提供一些案例的背景性材料，或者是学生在教师的引导下收集案例的背景资料；
- 学生以小组合作（或个人）的形式，分析问题并提出解决问题的方案，在这一过程中教师要给予学生一些解决问题的提示；
- 学生将自己的解决问题方案向全班展示，并说明理由；
- 师生共同讨论，确定解决问题的最终方案；
- 对解决方案进行评估，并讨论怎样将解决方案应用到相似的案例中（可迁移性）。

②案例教学法的注意事项
- 提供案例：必须用文章的形式将它们记录下来；
- 教师要先分析、研究案例，事先了解学生的想法，确保学生对案例有清晰的认识，是否能够达成共识；
- 没有统一的答案；
- 提供相关信息。

（4）头脑风暴法

头脑风暴法是指就某一问题自由发表意见，而不需要为自己的观点陈述原因，其他人也没有必要对所陈述的观点进行评价、讨论或提出批评的讨论方法。它是一种可以在最短的时间内获得最多的思想与观点的方法。在教育教学实践中，教师和学生可以通过头脑风暴法，讨论和搜集解决实际问题的意见和建议。通过集体讨论、集思广益，促使学生对某一问题产生自己的意见，通过学生之间的相互激励引发连锁反应，从而获得大量的构想，经过组合和改进，达到创造性地解决问题的目的。①

①头脑风暴法的实施原则
- 将讨论集中在一个问题或一类问题上；

---

① 李婉琳.职业教育教学方法[M].沈阳：沈阳出版社，2001：50.

- 规定时间，提倡圆桌式的轮流发言；
- 不要评价别人的观点；
- 鼓励成员发展其他人的思想，并接纳他人的意见；
- 写下每一个想法；
- 建立积极氛围，团队成员相互尊重和鼓励。

②头脑风暴法的实施阶段[①]

- 起始阶段。教师说明要解决的问题，鼓励学生发挥创造性思维，并引导学生进入论题。
- 意见产生阶段。学生表达各自想法、建议，教师应避免对学生的想法和建议立刻发表评论，也应阻止学生对其他同学的意见立刻发表评论。教师应积极引导，尽可能地调动学生思考的积极性，鼓励求异、创新。
- 总结评价阶段。师生对所发表的意见共同分析实施或采纳每一条意见的可能性，并对其进行总结和归纳。

（二）认知学徒制教学

高层次学徒制往往需要学生获得专家实践所需要的思维、问题求解和处理复杂任务的能力，需要采用认知学徒制模式的教学方法，即建模、指导、搭建与拆除脚手架、清晰表达、反思、探究，详见表6-2。

1. 认知学徒制教学模式的特点[②]

- 学生观察专家（通常是教师）对任务的示范；
- 通过训练和指导，学生获得支持——包括提示、反馈、示范和提醒；

[①] 李婉琳. 职业教育教学方法［M］. 沈阳：沈阳出版社，2001：51.
[②] ［美］韦恩·K.霍伊，塞西尔·G.米斯克尔. 教育管理学：理论·研究·实践（第7版）［M］. 范国睿，主译. 北京：教育科学出版社，2007：72.

- 教师提供概念支架——提要、解释、笔记、定义、公式、程序,如此等等,然后,随着学生的逐步胜任与熟练,可以逐渐减少;
- 学生不断清晰表达所学的知识——用自己的话来表达所理解的内容;
- 学生反思自己的进步,将自己目前要解决的问题与专家的表现以及自己原先的表现进行比较;
- 学生探索将所学知识付诸应用的新方法——那些未在教师指导下实践过的方法。

2. 认知学徒制教学模式的相关教学方法

建模、指导和搭建与拆除脚手架是核心方法,主要用于帮助学生在学习活动中获得认知与元认知技能;清晰表达、反思主要用于帮助学生集中注意观察专家的问题求解过程,并获得和控制他们自己的问题求解策略;探究主要用于鼓励学生(学徒)自我管理,不仅体现在专家问题求解的执行过程中,也体现在定义或阐明要解决的问题中。

表 6-2 认知学徒制教学模式的教学方法[①]

方法	任务
建模 (Model)	展现专家完成某个任务的过程并解释理由。建模的目标是建构专家认知过程的心智模型,将其内在的认知过程和活动外显出来,特别是将专家运用基本概念、程序知识的启发式和控制过程外显出来
指导 (Coach)	在学生执行任务时,教师通过观察的方式进行指导,包括观察学生执行任务的过程,为学生提供暗示、搭建脚手架、提供反馈、建立模型、提醒/修正和提出新的任务等,以使学生的学习绩效能更接近专家的方式
搭建与拆除脚手架 (Scaffold and Fade)	在学生完成任务时教师提供支撑,如建议、帮助、提供暗示等。脚手架的重要功能是帮助学生顺利穿越"最近发展区"。随着学生能力的增强,教师应把更多的责任和控制权交还给学生,减弱对学生的支撑,逐渐去除脚手架

---

① 许立红,金洋琼. 体验式英语语音教学设计 [M]. 成都:西南交通大学出版社,2017:83.

续表

方法	任务
清晰表达（Articulation）	指学生描述他们的思维过程，即将他们的知识、推理或问题求解过程清晰地表述出来。在学习过程中，清晰化表达可以通过不同的策略来实现，如讨论、示范、陈述和学习作品的交流等
反思（Reflection）	使学生将自己的思维和问题求解过程与专家、其他学生和专业的内在认知模式进行比较。通过反思，学生可以建构关于特定问题求解过程的模型，以修正/启示自己的问题求解和任务完成过程
探究（Inquiry）	学生运用专家问题求解相似的程序/步骤来检验所提出的假设、方法和策略。作为一种方法，在探究中教师为学生确立一般目标，学生根据自己兴趣去完成某些任务，并不断对目标进行修正，在获得一些完成任务的基本技能之后，投入新的更加复杂的任务中

（三）问题导向教学

问题导向教学（Problem-Based Learning，PBL）指的是学习者从实际问题出发，发掘与主题相关的所有问题，以问题为焦点，以团队合作的方式收集和整理有关信息资料，从而让学习者了解问题解决的思路与过程，灵活掌握相关概念、工作原理等知识，从中获得解决现实问题的经验，最终形成自主学习的意识和能力的教学方法。

1. 问题导向教学的特点

以问题为中心、小组形式、自我导向。[1] 在问题导向教学法中，教师是引导者，基本任务是启发诱导；学生是探究者，其主要任务是通过自己的探究，解决实际问题，最终形成新知识获得渠道，加深对知识的理解[2]。问题导向教学具有如下特点。[3]

---

[1] 邹统钎，郑洁编. 中外旅游人才培养模式与教学方法研究［M］. 天津：南开大学出版社，2014：99.
[2] 汤丰林，申继亮. 基于问题的学习与我国的教育现实［J］. 比较教育研究，2005（1）：73-77.
[3] Savery R J. Overview of Problem-based Learning: Definitions and Distinctions[J]. *Interdisciplinary Journal of Problem-Based Learning*, 2006,1（1）:12-14.

（1）问题导向教学以学生为中心，关注学生的实际问题，引导学生思考和解决这些问题，学生必须承担起学习的责任；

（2）用来学习的问题应该是不良结构（Ill-Structured）问题，所谓的不良结构问题是指条件和目标模糊，没有明确解决方法的问题；

（3）具有跨学科的性质，多学科视角能够加深学习者对问题的理解，使其提出更好的解决办法；

（4）合作是基础；

（5）学生一定要知道他学习的知识，对问题的解决有什么影响；

（6）在问题学习中，分析学到了什么知识，对学到的概念和原理进行讨论非常重要；

（7）在问题完成阶段或者课程单元完成时，必须有自我评价和同伴评价；

（8）问题必须在现实生活中是真实的，并且有价值；

（9）对学生必须有学习目标是否实现的检测措施；

（10）以个体教育为基础，是教师作为学习帮助者的课程。

2. 问题导向教学方法

问题导向教学方法是高层次学徒制常用的教学方法，特别适合于理论和实践相融合的教学活动，教师按照一定程序实施问题导向教学。

（1）注意的问题

①问题设计。问题导向教学法实施成功与否的关键在于问题的设计，它是整个教学过程的核心。问题是一种情境，引导学生将原理性知识和具体的问题情境联系起来。问题解决是由一定目标作为引导，学生应用各种认知活动和技能等，经过系列思维操作，解决问题的过程。教师可根据教学重难点设定，也可以从企业实际和学生学习兴趣出发进行设计。

> 教师作为组织者、引导者、激励者，应规范学生的探索过程，注意培养学生寻求合作的团队精神。

- 学生通过探究过程，得出自己的结论及解释。在进行小组划分时应该秉持"组间同质，组内异质"的原则，确保每个组的水平相当。教师在上课前，根据班级情况将学生分成五到八人的小组，提前告知学生将要探索的问题。
- 教师不要过度干涉。在解决问题过程中，教师不向学生提供正确的完成方案，也不指出解决问题的途径，即使学生选择的是错误途径，只要是出自学生的良好动机，都是允许的。

（2）实施流程

加拿大的麦克马斯特大学（McMaster University）是较早引入 PBL 教学法的高校，在 PBL 的应用方面较为成熟，这里重点介绍麦克马斯特大学的"七级跳策略"，如表 6-3 所示。

表 6-3　问题导向教学法的实施步骤[1]

步骤	具体实施内容
步骤 1	辨识并澄清问题描述中所涉及的不清晰词语概念
步骤 2	拟定需讨论的议题
步骤 3	集体研讨，得出尽量多的不同解释
步骤 4	深入探讨所提出的解释，尝试构建个人关于解释现象过程的"理论"
步骤 5	确定自学的学习要点，组员间达成学习要点、学习目标的共识，教师确定小组的学习目标切合实际，完整且适当
步骤 6	自学，每位学生针对学习目标收集资料并通过自学填补知识的缺陷
步骤 7	小组共同分享研读的成果，努力将所得的知识整合到对现象的合理解释中，检查自己是否彻底懂得，教师评价知识获取的过程

---

[1] Moust C H J, Berkel V M J H, Schmidt G H. Signs of Erosion: Reflections on Three Decades of Problem-Based Learning at Maastricht University[J]. *Higher Education*, 2005,50(4):665-683.

六、鼓励实施多维能力导向的学业质量评价

学业质量评价是以教育目标为依据，运用恰当的、有效的评价方法，系统地收集学生的学业成就信息，科学地进行分析处理，并对学生的学业成就变化进行价值判断。学业质量评价主要是对学生的学习能力和学业成绩进行评价。[①] 高层次学徒制独特的人才培养目标定位及教学实施过程，能更充分地呈现并评价学生的学习成果，更有效地改进教与学过程中多维能力导向的学业质量评价。

（一）多维能力导向的学业质量评价特点

高层次学徒制学业质量评价突出的特点是注重多维能力导向，具体来看：

（1）评价指向所要求的学习结果。评价学习者的能力标准是由职业教育与培训的需求方参与制定的，主要反映特定职业角色的多个能力要求。

（2）评价具有"透明度"。评价人员、被评价人员或第三者都清楚地了解要评价什么，应达到何种程度。

（3）所有的操作标准要求都应满足。在评价过程中，对于能力标准中的每一种能力要素都要有足够的证据来表明学习者已达到了相应的操作标准。

（4）强调实际操作能力。要求评价情境与方式要尽可能地与实际工作情境与方式相接近，最好的评价方式就是在日常工作中收集证据，评价能力。

（5）标准参照评价而非常模参照评价。评价时只将收集到的证据与能力标准相参照，而不与其他学生的学习结果相比较，最终只是对是否具有相应能力水平做出判断。

（6）重视对原有学习能力的认可。

---

① 涂艳国. 教育评价 [M]. 北京：高等教育出版社，2007：288.

（7）个别化的评价。具有较强灵活性，可根据学生不同的学习内容与学习进度进行评价。

（8）关注连续性的过程评价。

（二）多维能力导向的学业评价原则

- 不唯分数的评价。要将评价侧重点放在学生的能力成长上，不能仅依靠学业成绩来评价学生的学业成就。关注学生工作胜任能力的养成，包括专业能力和通用能力。
- 指导学生职业生涯发展。通过评价使学生对自己的能力发展水平进行客观诊断，引导其根据评价结果制订进一步的学习计划，优化学习策略，不断努力达成学习目标，提高自主职业发展能力。
- 尊重个体差异。专业能力成长是一个基于个体身心条件，不断克服困难获得发展的过程，由于个体之间存在差异，学业质量评价应尊重学生的这些差异，促进每位学生综合职业能力的不断成长。

（三）评价主体多元化

因为评价的信息是用来诊断学生的学习阶段性效果，进而改善学习策略和方案，因而要尽可能构建多元主体的评价信息传递渠道。多元评价主体包括学校教师、企业师傅、用人单位、学习小组同学以及学生自己等。

（四）多维能力导向学业质量评价的主要方法

高层次学徒制多维能力导向学业质量评价方法诸多，重点介绍表现性评价方法。

表现性评价作为一种利用真实生活或模拟练习来检验学习者运用先前知

识解决新问题、完成具体任务的一系列活动过程，指向的是主体深层次的理解与实践，而非简单的信息获取与技能模仿。①

1. 表现性评价的目的

表现性评价把调整和促进教与学作为评价的最终目的。具体来看，有三个突出的目的：一是确定学生适合参与特定的课程和学习经验，二是基于学生在课堂情境中的表现制定具体的课程和教学目标，三是评价学生在整个课程中的进步。

2. 表现性评价的内容

表现性评价把学生的实际操作和表现作为评价的主要内容。表现性评价不仅要求测量学生知道什么，而且要求测量学生能够做什么或应用什么。表现性评价提供给学生一种真实的问题情境，这种真实情境包括对日常生活情境的模拟，或者真实情境中的实际操作。在这样的情境中，学生需要综合所学的知识和技能，运用高层次思维对这些比较复杂的问题进行分析和解决，所展现出来的能力也更能代表学生的真实能力。

3. 表现性任务的设计原则或方法

第一，关注那些需要复杂认知技能或学生表现的学习结果；第二，选择和设计在内容和技能上能代表重要学习结果的任务；第三，确保评价任务与评价目的高度相关；第四，为学生提供必要的指导，让学生能够理解任务的要求；第五，设计出使学生能够很好地理解任务的指导语；第六，运用评分规则使学生清楚地了解完成任务的预期目标。

4. 表现性评价的实施程序

第一，制订完整的评价计划；第二，选择和构建表现性任务评价情境；第三，确定合适的评价标准；第四，编制有效的评价工具；第五，与学生商

---

① 王奥轩，李广，苑昌昊.教育实习表现性评价的国际实践［J］.外国教育研究，2021，48（6）：21-32.

定评价目标、要求和程序；第六，现场评价。

　　表现性评价重视的是人的个性，尤其是教师和学生在课程教学中的自主性和创造性，是一种能体现持续性、过程性和综合性特点的评价理念和方式。它强调对学生学习全貌的关注，记录学生的学习和专业成长过程，从不同视角对学生学习的不同方面和不同层次进行描述与评价，贯穿于学生学习和发展过程的始终。教师在学习情境中运用多种手段收集学生的表现情况，作为评价的重要信息来源，如观察、访谈、学生逸事记录、书面报告、演说、操作、实验、资料收集和作品展示等。持续、多元的评价方式可以帮助教师获得关于学生全面发展变化的纵向记录，减少一次测验所带来的误差。[①]

[①] 霍力岩，黄爽.表现性评价内涵及其相关概念辨析［J］.西北师大学报（社会科学版），2015（3）：76-81.

第七章
工作本位学习

工作本位学习（Work-Based Learning，WBL），通常和工作场所学习（Workplace Learning）、工作关联学习（Work-Related Learning）、职业学习（Vocational Learning）通用，是对传统的学校本位学习的补充和修正。本指南中的高层次学徒制工作本位学习是指企业一元的基于工作场所的学习。高层次学徒制工作本位学习通常是在真实的工作环境中，以学习为第一要务，大学生在企业师傅指导下，以团队为基础，有目的、有计划、有组织地进行工作与学习，注重解决以工作为基础的复杂问题的一种现代学徒制学习方式。

一、工作场所及学习时间

工作本位学习中工作场所是一种合法、有效的学习环境，为避免学习碎片化，缺乏专业指导，学生学习效果不理想，要对工作场所及学习时间提出具体要求。

（一）工作场所要满足的条件

1. 工作场所必须是工作现场

它是真实的企业工作场所，具有特定的工作岗位和真实的工作任务及劳动报酬。

2. 工作场所必须具有教育功能

工作场所的教育功能远高于实践教学，是实践教学向真实职业场所的延伸，能够对学生进行专业能力和应用性综合能力的培训。

3. 工作场所中的学徒工作和学习具有同一性

二者是同步的，在工作场所发生，学生和企业师傅在工作场所中具有双重角色。师徒既是工作者又是师傅、学徒，学习任务受工作性质影响，工作受学习性质影响，学生的主要角色是学习者，而不是工作者。

（二）工作本位学习的时间

工作本位学习与学校本位学习完全不同，工作是学习的主要途径，二者相互依存，工作本位学习以学习为第一要务。学生进入工作现场学习，首先要明确工作场所中需要完成的工作任务和参加的工作活动及时间安排。

工作场所学习活动类型多样，工作本位学习与学校本位学习要合理交替进行，学校和企业从实际出发，依据行业性质、专业学习特点和要求，确定两个学习场所之间的时间分配、方式及期限。按照《教育部关于职业院校专业人才培养方案制订与实施工作的指导意见》（教职成〔2019〕13号）的规定，"实践性教学学时原则上占总学时数50%以上。要积极推行认知实习、跟岗实习、顶岗实习等多种实习方式","学生顶岗实习时间一般为6个月"①。高层次学徒制工作本位学习时间占高层次学徒制总体学习时间较大的比例，目前，英国规定"雇用学徒时间不少于12个月，每周至少雇用学徒30小时"②，参照相关规定，学校和企业应根据专业学习特点及要求、实际需要，酌情确定高层次学徒制工作场所学习时间。

二、学校和企业在工作本位学习中的权利与义务

学生在工作本位学习中既是学习者也是工作者，为确保其能够深入真实的企业工作现场，有计划、有目的地在企业师傅的指导下学习和工作，校企双方应高度密切配合，协调学习时间，制订教学计划，开展指导活动，进行学习成果评估等。学校和企业要在工作本位学习之前确立双方的权利与义务。

（一）企业在工作本位学习中的权利与义务

企业的兴趣和深度参与是保障工作本位学习质量的关键因素，企业在工作本位学习中应发挥主导作用，其权利与义务如下：

1. 制订工作本位教学计划

校企双方以企业为主导，在相互信任和承认的基础上，系统制订工作本位教学计划及相关管理制度，支持、开发、实践并不断更新调整工作场所课程，按照计划，支持和鼓励学习者及指导者积极参与工作场所课程，有效高

---

① 教育部.教育部关于职业院校专业人才培养方案制订与实施工作的指导意见［EB/OL］. http://www.moe.gov.cn/srcsite/A07/moe_953/201906/t20190618_386287.html.

② 刘育锋.论学徒制的本质属性［J］.中国职业技术教育，2018（36）：5-10.

效开展学习型职业实践活动。工作本位教学计划的内容包括：工作本位学习预期成果及具体时间安排、阶段性学习成果、具体的检查时间、评价主体及方法等。

2. 为学生提供高质量的真实工作场所

对学生先前的经验与知识技能水平进行初步需求评估，确定具体的实习工作岗位和工作区域，明确工作岗位职责与任务要求。为学生提供结构化的学习活动和引导性的学习策略、反思和拓展知识的空间，确保工作本位学习的时间、资源和工作情境，与经验丰富的工作人员一起工作，有效沟通，帮助他们自然融入企业，按照预期学习成果进行工作学习并承担相应的责任。

3. 给予学徒（学生）适当的支持

在工作实习的初始阶段，为学生选派好企业师傅，在工作过程中指导学生学习和工作。

4. 考核认证、薪酬等福利待遇

确定工作本位学习学分与考核评价标准，编制企业师傅实习指导手册，使之按时认真填写实习指导手册。明确工作本位学习结束后学生取得的阶段性学习成果，从实习日志、实习作品、单位鉴定三方面对学生工作本位学习进行综合考核评价。填写实习考核表，完成后归入学生学习档案。给予相应的安全、健康保障及工资、补贴等薪酬、奖励，支持、激励企业师傅和学生更好地完成工作本位学习。

（二）学校在工作本位学习中的责任与义务

为了使工作本位学习的结果被学校所认可，工作本位学习需要学校参与。学校在工作本位学习中的权利与义务如下：

1. 协助企业制订教学计划

联系工作实习的企业，为能够提供实习场所的企业提出项目设置、实习进程安排、实习所要达到的学习结果与考核评价等方面的建议。

2. 联系学生

对如何利用实践经验促进专业学习提供基本的指导，为学生参加专业项目提供建议，特别是帮助学生寻找实习场所，指导学生适应企业工作场所学习。

3. 帮助企业师傅对学生进行协调和监督

督促学生完成实习日记，要求学生在企业能如期完成实习报告，定期与企业方面人员进行会面。

4. 与企业共同完成考核评价

与企业沟通对话，确立评价标准，指导学生参与，对学生取得的阶段性学习成果进行鉴定。

三、工作场所课程开发与要求

为确保学生工作本位学习是有意义的、高质量的，并成为正规学校教育的重要组成部分，学校和企业要以情境学习理论、反思学习理论和默会知识理论等工作本位学习理论为基础，结合企业工作实际及需要，开发工作本位学习课程。工作本位学习课程的目标是开发个体的职业知识，将这些强大的职业知识蕴含到特定的职业情境中，引导个体从边缘性参与到合法性参与的过程中逐步提高解决问题的能力。企业和学校工作本位学习课程开发人员在进行工作分析时，要善于识别工作场所中的知识。

工作场所中的知识[①]

> 在起初的职业培训和随后的正式学习期间得到的编码知识，或者在工作场所本身得到的编码知识。前者包括关于概念、理论和方法论的编码学术知识；后者包括关于具体工作的技术知识，以及系统与程序知识。

> 在广泛的活动中胜任工作并扮演多种与工作相关的角色（包括领导和与团队配合）所需要的技能。这些可以分为四类——技术、人际、思考、学习，通过实践和反馈获得。这些知识随着更高的熟练度、责任与复杂性而增进。

> 知识来源，包括一系列的材料和在线资源；但在多数工作场所中，向别人学习更为重要。这些人包括直接的同事或者组织中的其他成员，客户、顾客网络，供应商和竞争对手，专业网络，或者久而久之发展起来的其他个人社会关系。

> 理解为大多数行为提供了基础，虽然它肯定是不全面的。它也包含对他人的理解——同事、客户和经理等；对情境的理解，包括自己的组织和环境；自我理解和对一系列变化与发展的战略性理解。这包括显性的和默会的理论视角和行动理论。

> 决策与判断随所处的变化而变化。在没有时间分析或者商讨时，决策可能是快速的，但它也可能是深思熟虑的、经过讨论的。当形式复杂或信息缺乏时，判断成为决策的一个重要方面，包括对人的判断；对产品质量、生产实践和生产流程的判断；对不同因素相对重要性和相互作用的判断；对轻重缓急、选择方案和战略的判断。

[①] [英]瑞恩博德，等.情境中的工作场所学习[M].匡瑛，译.北京：外语教学与研究出版社，2011：224.

为确保工作本位学习课程的合法性，在课程开发中，要通过访谈、观察、关键事件访谈和工作分析等，将企业的工作经验结构化、组织化，通过划分工作领域，确定工作活动范围，序化学习活动和明确有学习难度的工作任务，形成工作本位学习课程，规范工作活动和学习活动。工作本位学习课程开发的步骤及内容如下。

（一）划分工作领域

依托工作职能明确描述工作活动范围，如××车间、××室、××区等，要求有独立的物理环境，有明显的、可区别的技术技能要求。要先调查了解企业中哪些工作是同质的，哪些工作彼此不相关或有明显区别，然后了解工作人员在工作岗位上工作的要求。划分工作领域的目的是帮助学生了解工作世界各个职业岗位的相似性、关联性和差异性，进而清晰了解工作要求和学习重点，充分认识所要获得的知识、技能和素养。

（二）确定工作活动范围

在具体的工作领域中确定所涉及的工作活动。通过对非常熟悉工作场所实践活动的员工每天、每周、每月、每年及未来一段时间执行的任务进行询问，明确其工作活动范围。这一环节需要澄清下列问题：

1. 哪些活动是日常任务和非日常任务？
2. 哪些是低复杂性任务，哪些是高复杂性任务？
3. 哪些是低责任感的任务，哪些是高责任感的任务？
4. 哪些是本企业特色，哪些具有国际通用性？

确定任务时应注意：一是强调反思性实践，二是强调情境的多样性。澄清这些问题的目的是提出全面参与或成为专家的活动路径，进而科学合理设计活动，以满足学生结构化能力渐进性快速发展的要求，帮助学生组织和建构学习经验，使他们充分参与到工作场所中。

（三）描述学习路径

描述学习路径主要是明确学生在工作现场学习活动的顺序，勾勒一条全面参与或成为专家的学习活动路径，为依托实习岗位有序开展工作学习和实习轮岗做准备。这一环节需要描述成为专家的过程中学习哪些任务（及知识），鉴别哪些活动或者了解哪些知识是较为难以掌握和学习的。

通常要制作一份工作活动清单（详见表7-1），通过问卷、访谈等调查方法，向专家和经验丰富的人询问学生所能从事的有关工作岗位活动及其所要求的能力，收集分析有关工作要求的各种信息，寻找学生通往高素质技术技能人才专业发展之路，以便按照学生职业成长的不同发展阶段安排工作任务。在分析工作活动时，要注意工作本位学习任务要超越当前的和特定的工作任务。学生在工作场所学习的主要角色是学习者，而不是工作者。工作本位学习任务来源于工作过程，这些任务包括了工作的全部本质要素，是由目前在职工作人员从各种水平的生产过程或服务领域中进行工作分析获得的，要求学生在完整的工作体系和过程中，学习和理解每一项工作任务，并产生真实的产品和服务。工作本位学习任务不是简单的、重复的操作性工作任务，而是具有挑战性的工作任务。

表 7-1　××工作岗位工作人员的工作活动清单

单元	活动单元描述	一般完成活动的人员类别及要求					
		胜任的工作人员	第一学年学生完成工作任务的要求	第二学年学生完成工作任务的要求	第三学年学生完成工作任务的要求	第四学年学生完成工作任务的要求	备注
1.1	工作岗位活动（用动宾短语描述，用不同符号区分日常与非日常、复杂程度及责任感的高低）						
1.2							
…							
2.1							
2.2							
…							

（四）序化活动

通过对工作活动清单进行归纳分析，清楚什么是难以学习的及其绩效的要求，进而明确有学习难度的工作任务，确定和提供使学生最好理解和掌握工作目标的机会，以便引导他们在协同完成工作任务活动中主动建构职业专业知识，自主生长职业行动能力。序化活动要遵循以下原则：一是全局技能先于局部技能，二是知识/技能的复杂性递增，三是多样性递增。

（五）制定岗位标准

为提高工作现场指导的有效性，在课程开发过程中，课程开发人员应根据企业岗位属性和技术技能人才职业成长规律，结合典型工作任务分析，制定实习岗位的岗位标准，为企业师傅实施岗位教学提供依据。

四、工作场所学习系统及环境要求

工作本位学习以工作为依托，围绕工作展开学习活动，工作本位学习必须有一个合适的情境和环境，这个情境和环境应该是完全真实的职业情境，以真实的行业实践形式存在。同时，工作场所的环境也非常重要，它决定学生的学习内容和学习策略，企业必须为学生提供合适和安全的职业情境、工作环境，除此之外，工作场所学习系统还需要具备如下条件。

（一）工作场所学习系统包含用于学习的"情形"和"环境"

学习与工作任务具体、明确、真实，包含需要解决的问题，建构的知识和实现成功目标的决心，学生能够在知识多样化运用的环境中执行任务和解决问题。

（二）有经验丰富、知识渊博的资深员工的直接指导

学习系统设计要便于学生在企业工作实践中理解工作过程中的指导学习，特别是师徒直接互动和协作解决问题形式的指导。支持边工作边进行深层学习理念指导下的发现学习、问题解决学习、自主学习、经验学习和行动学习。学习型任务的生产压力相对较小，有利于企业师傅引导学生"做中学"的反思和经验获得，获取隐性知识。

（三）工作现场的社会和物理环境能够发挥间接指导的作用

工作现场的社会和物理环境有利于参与者积极沟通并从事专业技能实践，有利于学生对其他员工工作的观察、话语的聆听及技能的比对，与其他员工交流学习，以合作解决问题的方式一起工作，激发内部动机，进行有意义的学习。

五、多维能力导向评估

贯彻立德树人根本任务，体现高层次学徒制人才培养特点，工作本位学习是多维能力导向学习，能力并非仅指操作技能，而是强调解决专业性强、复杂问题的高层次能力。问题的复杂性、重要性决定了工作本位学习及多维能力导向评估的必要性，多维能力导向评估是高层次学徒制工作本位学习常用的诊断人才培养情况，提高人才培养质量，增进校企双方互信，满足双方质量保障利益诉求的有效手段。

（一）依据多维能力导向评估特点制定完善的工作本位学习考核评价制度

工作场所的多维能力导向评估指向岗位胜任力，具有明确的结果指向性。为提高多维能力导向评估的规范性、公平公正性，一般而言，企业要制定完善的考核评价制度，主要包括：

1. 高层次学徒制岗位技能考核管理办法

明确考核目的、指导思想、基本原则、考核权责部门、应知应会内容、工作任务及绩效、考核等级划分、考核认证操作程序、考核评估机制实施细则、出徒标准等事项。

2. 研制高层次学徒制工作本位学习评价标准

主要围绕学习成果确定高层次学徒制工作本位学习评价指标体系，技能、能力的权重占比要高于其他指标。工作本位学习评价指标体系应涵盖理论学习、职场认知（企业文化符合度、日常行为要求、工作态度、职业精神等）、岗位训练、工作绩效等主要指标。学校和企业依据明确的评价标准对学生工作本位学习效果进行测试、实操技能鉴定。

3. 研制企业师傅考核标准

重点考察企业师傅的教学态度、培训计划执行及培训效果、专业授课/指导、与学生互动交流、对学生的关注等内容，合理确定企业师傅自评、学生及部门主管评价的权重。

4. 出台师带徒培训奖惩办法

主要包括日常奖励、项目奖励、奖惩具体规定等内容。

（二）雇主主导制定工作本位学习多维能力导向评估制度应注意的问题

（1）以人才培养方案和课程标准为依据。

（2）以企业对合格员工的评价、学校对学生的评价为依据。

（3）评价标准应准确描述学生掌握特定职业岗位所需要的全部技能及其水平要求，要完全符合企业工作现场对技术技能的要求，并包含该行业中不同职位生涯可持续发展所需要的职业素养要求。

（4）如果工作本位学习的学习目标是获得国家职业资格证书和职业技能等级证书，就需要根据职业资格标准和职业技能等级的相关要求来进行评价。

（5）如果工作本位学习是企业招聘的特别要求，那么评价标准就需要和企业要求直接相关。

（三）工作本位学习多维能力导向评估常用的方法

保证工作作为成绩考核评定主要方式的公平公正性，企业师傅及管理人员、学校教师及第三方评价机构拥有评价权。评价者到企业工作现场，通过观察、拍照、提问等方式收集证据，了解学生完成工作任务的过程，观察是否符合安全规范，加工的产品或提供的服务是否合格，并认真记录，通过证据进行多维能力水平评估。企业工作本位学习常用的评价方法及使用情况详见表7-2。

表 7-2 企业工作本位学习常用的评价方法及使用情况[1]

方法	有用性	缺点	评价
直接观察在工作中的学生	通常用来对能力进行评价，如能提供团队合作方面的证明材料	成本高，干扰到工作	观察时最好有一张清单
评价学生的记录和工作日志	鼓励学生自我反思	有效性值得怀疑	必须结合访谈增强有效性
在工作中访谈和询问	获得对工作任务理解和把握方面的证明	把口头材料作为评价对象，可信度低	有的时候，工作场景必须模拟
代理评价，如评价者从管理人员和同伴那里获得信息	涵盖所有工作任务和业绩	可信度值得怀疑	比起观察每项任务的完成状况，还是比较经济
学生总结报告的评价	培养学生的反思和沟通技能	必须和其他方法配合运用	报告必须有对学习的反思
对工作本位学习中的预定学习结果进行书面或口头测试	能够测出知识背景和理解能力	比直接观察有效性低	为了便于将评价结果转换成学分，一些机构希望把这种评价包括在内

---

[1] Little B, Brennan J .A Review of Work-Based Learning in Higher Education[J]. *Department for Education & Employment*, 1996.

第八章
双导师师资队伍建设

实施高层次学徒制，师资队伍建设是关键，双导师师资队伍建设是高层次学徒制师资队伍建设的重要任务。《教育部关于开展现代学徒制试点工作的意见》中明确指出："校企共建师资队伍是现代学徒制试点工作的重要任务。现代学徒制的教学任务必须由学校教师和企业师傅共同承担，形成双导师制。"[①] 双导师队伍建设包括双导师的选拔、考核、培养和激励等内容，直接影响校企合作的效果以及高层次学徒制的运行。举办高层次学徒制，提高人才培养质量，应明确权利、义务与责任，建立健全双导师的选拔、培养、考核与激励等制度。

---

① 教育部.教育部关于开展现代学徒制试点工作的意见[EB/OL].（2014-08-27）[2024-05-08].https://www.gov.cn/gongbao/content/2015/content_2806020.htm.

一、双导师教师队伍要求

双导师制度是高层次学徒制校企双育人主体共建双导师师资队伍、协同完成学徒培养任务的一项新机制。2014年8月27日《教育部关于开展现代学徒制试点工作的意见》中明确:"要坚持校企双主体育人、学校教师和企业师傅双导师教学,明确学徒的企业员工和职业院校学生双重身份,签好学生与企业、学校与企业两个合同,形成学校和企业联合招生、联合培养、一体化育人的长效机制,切实提高生产、服务一线劳动者的综合素质和人才培养的针对性,解决好合作企业招工难问题。"[①] 为促进学校导师和企业师傅之间建立充分有效的沟通与稳定的合作关系,"完善双导师制,建立健全双导师的选拔、培养、考核、激励制度,形成校企互聘共用的管理机制"。[②] 学校和企业从实际出发,根据高层次学徒制的人才培养特点及高等教育教师要求构建双导师师资队伍,优势互补引导学生加强理论知识学习,提高实践能力,并给予其升学、就业和创业明晰、合理的方向,促进"学"和"用"统一,最终使学生走上理想的职业工作岗位。

(一)学校导师的配置与要求

按照"合作共赢、职责共担"原则,校企双方共同制定双导师标准,并在人才培养方案中明确校内导师、企业师傅配备要求。学校按照一定标准遴选高层次学徒制校内导师,至少应具备如下几个基本条件:

(1)具有良好的思想政治素质和高尚的职业道德,遵纪守法,热爱教育

---

① 教育部.教育部关于开展现代学徒制试点工作的意见[EB/OL].(2014-08-27)[2024-05-08].https://www.gov.cn/gongbao/content/2015/content_2806020.htm.
② 教育部.教育部关于开展现代学徒制试点工作的意见[EB/OL].(2014-08-27)[2024-05-08].https://www.gov.cn/gongbao/content/2015/content_2806020.htm.

事业，身心健康；

（2）具有较高的专业素养和技能水平，能够胜任教学工作；

（3）一般应具有副高级及以上专业技术职称（职务），具有硕士研究生及以上学历；

（4）初次聘请的退休人员，离开原工作岗位的时间原则上不超过 2 年，年龄一般不超过 65 周岁，特殊情况可根据学校需要而定。

（二）企业师傅的配置与要求

按照规定标准配置企业师傅，合作企业应按照一定的标准，遴选优秀高技能人才担任企业师傅。

企业师傅遴选应至少具有如下几个基本条件：

（1）具备良好的思想政治素质、高尚的职业道德和严谨的科学态度，遵守国家的法律法规以及方针政策，热爱本职工作，热爱教育事业，身心健康；

（2）具有过硬的专业技能，能服从学校的教学管理，遵守企业和学校的各项教学规章制度；

（3）一般应具有中级以上专业技术职称（职务）或高级工以上等级职业资格，有条件的可聘请具有特殊技能，在相关行业中具有一定声誉的能工巧匠、非物质文化遗产国家和省级传承人等；

（4）具有大专以上学历，并从事专业对应的职业岗位至少五年，具有较为丰富的岗位教学与管理经验。

二、双导师的权利、义务与责任

高层次学徒制双导师共同承担专业教学任务和实习实训指导等工作，明确双导师的权利、义务与责任，使之知道自己的工作职责、任务和待遇，有利于双导师各司其职，分工协作做好高层次学徒制人才培养工作。

（一）学校导师的权利、义务与责任

1. 学校导师享有的权利

根据《中华人民共和国教师法》第七条"教师权利"的有关规定，以及国家、地方出台的"双师型"教师的政策、高层次学徒制试点的政策，结合高层次学徒制人才培养特点，明确学校导师享有的权利是教育教学权、科学研究权、管理学生权、获得报酬权、民主管理权和进修培训权，具体如下：

（1）进行教育教学活动，开展教育教学改革和实验；

（2）在完成教学任务基础上，从事科学研究、学术交流，参加专业的学术团体，在学术活动中充分发表意见；

（3）指导学生的学习和发展，合理评定学生的品行和学业成绩；

（4）按时获取工资报酬，享受相应规定的福利待遇；

（5）对学校教育教学、管理工作和教育行政部门的工作提出意见和建议，通过教职工代表大会或者其他形式，参与学校的民主管理；

（6）参加企业实践、进修或者其他方式的培训；

（7）对于学校导师的企业实践和技术服务的工作量应给予科学合理的评价，并作为日后评优评先和专业技术职称评定的重要依据。

2. 学校导师承担的义务

根据《中华人民共和国教师法》第八条"教师义务"的有关规定，以及国家、地方出台的"双师型"教师的政策、高层次学徒制的政策，结合高层次学徒制人才培养特点，明确学校导师应履行下列义务：

（1）遵守宪法、法律和职业道德，为人师表；

（2）贯彻国家的教育方针，遵守规章制度，执行学校的教学计划，履行教师聘约，完成教育教学工作任务；

（3）对学生进行宪法所确定的基本原则的教育和爱国主义、民族团结的教育，法治教育以及思想品德、文化、科学技术教育，组织、带领学生开展有益的社会活动；

（4）关心、爱护全体学生，尊重学生人格，促进学生在品德、智力、体质等方面全面发展；

（5）制止有害于学生的行为或者其他侵犯学生合法权益的行为，批评和抵制有害于学生健康成长的现象；

（6）不断提高思想政治道德觉悟和教学水平；

（7）不断接受新技术、新知识、新规范的继续教育，必须履行参加培训进修的义务。①

3. 学校导师应尽的责任

（1）负责学生文化基础课程和专业课程的教学和管理工作；

（2）在日常教学管理中开展思想政治、职业道德、职业习惯、文明礼仪等职业素养的教育；

（3）督促和管理学生遵守学校和企业的规章制度；

（4）协同企业人员开发高层次学徒制专业课程与教材，促进书证融通，开发适合岗位职业理论和技术标准的课程及教学资源；

（5）负责学生的日常考核与成绩评定，定期进行阶段性岗位考核，做好综合素质评价工作；

（6）协同企业师傅、学生开展科研、技术研发等科技创新攻坚工作，帮助企业切实解决生产中的实际问题；

（7）协同企业师傅及其他企业人员、校内教师开展高层次学徒制的相关

---

① 徐涵. 从制度层面看我国职业教育教师的专业化发展［J］. 教育与职业，2007（7）：10-12.

课题研究，梳理经验、总结成果；

（8）负责指导学生毕业设计，收集和整理学生培养期间的教学及日常管理过程性材料，包括工作评价手册和论文成果等，及时听取学校、企业师傅、学生的意见和建议，加强双向交流；

（9）协同企业师傅收集整理分析人才培养工作的相关数据，做好人才培养需求调研工作；

（10）主动和企业师傅完成就业与创新指导等人才培养工作。

学校导师对学生的毕业设计负有重要指导责任，对于学生的学习、生活等问题要及时沟通反馈，帮助他们顺利毕业是学校导师的职责所在。学生在成长过程中对自己的职业生涯规划可能会有困惑，学校导师可以通过就业创业指导、职业生涯规划等活动，帮助学生树立正确的价值观、择业观，避免多走弯路，从学习上、思想上、心理上等各方面去关爱学生，促进其健康成长，培育学生的职业素养是学校导师职责的总方向。

（二）企业师傅的权利、义务与责任

1. 企业师傅享有的权利

根据《中华人民共和国教师法》第七条"教师权利"的有关规定，以及国家、地方出台的"双师型"教师的政策、高层次学徒制试点的政策、企业培训政策和要求，结合高层次学徒制人才培养特点，明确企业师傅主要享有下列权利：

（1）进行教育教学活动；

（2）从事科学研究、学术交流；

（3）边工作边指导学生的学习和发展；

（4）按时获取工资报酬，享受相应规定的福利待遇；

（5）参加进修或者其他方式的培训；

（6）保障人身安全，职业学校为兼职教师购买意外伤害保险；

（7）学校应当为企业师傅创造良好的工作环境，鼓励、吸收他们参加教学研究、专业建设和团队建设，支持企业师傅与学校教师联合开展企业技术攻关；

（8）企业师傅承担的教学任务应纳入校企考核中，并可以享受相应的带徒津贴作为补助等。

2. 企业师傅承担的义务

根据《中华人民共和国教师法》第八条"教师义务"的有关规定，以及国家、地方出台的"双师型"教师的政策、高层次学徒制试点的政策、企业培训政策和要求，结合高层次学徒制人才培养特点，明确企业师傅主要承担下列义务：

（1）遵守宪法、法律和职业道德规范，为人师表；

（2）贯彻国家的教育方针，遵守规章制度，执行学校的教学计划，履行教师聘约，完成相应的实践指导工作任务；

（3）关心、爱护学生，尊重学生人格，促进学生全面发展；

（4）制止有害于学生的行为或者其他侵犯学生合法权益的行为；

（5）不断提高思想政治觉悟和教育教学业务水平；

（6）严格执行高等学校教学管理制度，认真履行职责；

（7）接受高等学校的绩效考核评价，并将兼职任教情况及时反馈给其人事和劳动关系所在单位。

3. 企业师傅应尽的责任

企业师傅具有指导学生形成工作岗位技能和职业素养的职责，主要包括学生的课内外实习、毕业设计的指导以及就业创业指导。企业师傅的责任主要体现在日常实践学习、毕业指导和就业创业指导三方面。

（1）协同学校导师按照人才培养方案要求，完成课程设计、课程体系构建、课程开发、教材建设、学业质量评价等人才培养工作，依据岗位标准建立工作本位学习课程体系，有计划、有目的地开展学生的岗位技能课程教学和拓展课程等课程教学工作；

（2）负责学生思想政治素质、职业道德、职业行为等养成教育，向学生传授岗位实战经验，传承企业文化；

（3）按照要求完成对学生在企业工作本位学习期间的岗位课程考试、技术技能考核和成绩评定工作，及时向学校、学生反馈课程完成效果、工作状况及相关调查数据；

（4）独立或与学校教师合作开展课程与教学研究、技术研发、产品攻坚、教学经验梳理及成果总结工作；

（5）负责收集和整理学生工作本位学习期间的教学及日常管理过程性材料，协同学校导师做好人才培养数据统计分析等相关工作；

（6）有效进行毕业与升学指导，帮助学生升学或顺利毕业并进入企业；

（7）为学生指引明晰、合理的就业创业方向；

（8）与企业员工协同培育学生，配合学校导师完成其他人才培养工作。

（三）学校导师和企业师傅之间的职责关系

学校导师与企业师傅的工作职责既有联系又各有分工，需要双导师之间的合作与沟通。《教育部关于开展现代学徒制试点工作的意见》（教职成〔2014〕9号）中明确："要加大学校与企业之间人员互聘共用、双向挂职锻炼、横向联合技术研发和专业建设的力度。"[①]因此，双导师制度不仅提倡校内导师深入企业，直接参与企业的生产过程，促进科研成果的转化，也提倡企

---

① 教育部.教育部关于开展现代学徒制试点工作的意见［EB/OL］.（2014-08-27）［2023-02-20］.http://www.moe.gov.cn/srcsite/A07/s7055/201408/t20140827_174583.html.

业师傅走进学校,加强学生的实践指导和职业生涯发展指导。学校和企业建立双导师工作室,制订双导师工作计划,企业师傅承担的教学任务应纳入考核,并可享受带徒津贴。学校指导教师的企业实践和技术服务纳入学校教师考核,并作为晋升专业技术职务的重要依据[①],形成职责共担、共同发展的长效机制,稳步推进高层次学徒制日常教学科研等协同育人工作。

三、双导师的选拔与培养

双导师的选拔与培养是实施高层次学徒制的基本工作之一,学校和企业要重视双导师的选拔与培养,明确导师遴选的条件要求和程序,为高素质技术技能人才的培养提供高质量的师资保障。

(一)选拔的方法及标准

根据国家、地方出台的《高等学校兼职教师管理办法》《职业学校兼职教师管理办法》等制度,校企合作制定兼职教师管理办法,将高等学校聘请兼职教师(导师)工作纳入人事管理监督检查范围,建立兼职教师(导师)资源库,加强对兼职教师(导师)管理工作的指导,从条件要求、程序和方法上健全双导师科学的选拔机制。从总体上说,双导师的选拔要遵循任人唯贤、考试择优、量才适用、用人所长、合理流动等原则。校企双方通过协商,根据专业人才培养目标,从参与高层次学徒制的意识和能力两方面制定具体的双导师遴选标准,包括学历、年龄、专业技术职务、职业资格证书和

---

① 教育部. 教育部关于开展现代学徒制试点工作的意见[EB/OL].(2014-08-27)[2023-02-20]. http://www.moe.gov.cn/srcsite/A07/s7055/201408/t20140827_174583.html.

工作经验等基本条件要求。学校和企业采用广泛宣传、深入企业调查等方式做好人才选拔准备,以便选用数量充足、素质较高的双导师,积极推进"固定岗与流动岗"相结合的师资队伍建设模式,有效构建校企人员双向交流协作共同体。

1. 学校导师的遴选条件

学校导师应具备职业岗位分析能力,课程内容的开发与课程体系的构建能力,课程教学过程的组织、管理与考核能力等基本能力[①],总体体现在学术性、职业性和技术性三方面。同时,要明确职业道德和协作意识等思想政治品德素质要求,考虑其专业知识和实践经验、能力是否充足。

具体来说,学校导师应满足如下基本要求:

(1) 具有中级及以上职称,能较好遵守教师职业道德规范,以身作则,为人师表;

(2) 工作认真负责,善于表达沟通、具备言传身教的能力,身心健康,德才兼备;

(3) 工作经历满三年,年龄在 25~60 周岁之间,具有硕士研究生及以上学历或高级专业技术职务,具有相应的职业资格证书;

(4) 是专业骨干教师或具有两年以上企业工作经历,业务基础扎实,熟悉所任教课程对接的岗位对知识、技能和基本素养的要求。教学水平高且具有一定的科研课题研究、技术创新、课程开发与实施能力。

2. 企业师傅的遴选条件

企业师傅的选拔可通过对口合作的企业单位选派的方式产生,也可以面向社会聘请。实施高层次现代学徒制的高等学校选拔企业师傅,应优先考虑对口合作企业人员,建立合作企业人员到职业学校兼任导师的常态化机制,

---

① 张启富. 高职院校试行现代学徒制:困境与实践策略 [J]. 教育发展研究,2015,35 (3):45-51.

并纳入校企合作基本内容。面向社会选拔的企业师傅应按照公开、公平、公正和择优的原则，严格考察、遴选和聘请程序。基本程序是：高等学校根据教学需要，确定企业师傅的岗位和任职条件，对应聘人员进行资格审查、能力考核，确定岗位人选，并予以公示，与企业师傅签订工作协议。其工作协议应该明确双方的权利、义务与责任，包括工作时间、工作方式、工作任务、工作报酬和劳动保护等内容。协议期应该根据教学安排和课程需要，经双方协商确定，一般不少于一学期。企业师傅为企事业单位在职人员，原所在单位和聘请兼职教师（包含企业师傅）的高等学校应当分别为兼职教师缴纳工伤保险费。兼职教师在协议期内发生工伤，由兼职教师受到伤害时其工作的单位依法承担工伤保险责任，高等学校应为兼职教师购买意外伤害保险。

以企业为主导制定企业师傅的遴选标准，选拔工作在企业进行，具体来说，企业师傅应满足如下基本要求：

（1）身心健康，具有良好的职业道德和协作意识，工作积极主动，具有奉献精神，能服从学校和企业的管理，遵守企业和学校的各项教学规章制度；

（2）从事本行业工龄五年以上且年龄25周岁以上的企业正式员工，原则上具有大专及以上学历；

（3）在行业中有一定的影响力，有较丰富的岗位教学与管理经验，为本企业高级技术人员，有成功带新员工、优秀员工经验者优先考虑。

双导师的高标准选拔有利于双导师制的良性运行，有利于高层次学徒制人才培养目标的实现以及学校和企业的资源共享。学校应根据专业师资现状，选拔一批具有专业理论知识和丰富教学经验的专任教师加入双导师队伍。学校要选派教师参加培训、去企业兼职锻炼，以便更新教师的知识体系，提升其实践能力。同时，应通过企业提名、校企共同考核来选聘具备熟练的实践操作技术的员工加入企业师傅队伍。2018年10月25日《人力资源社会保障部 财政部关于全面推行企业新型学徒制的意见》中明确："企业应选拔优秀高技能人才担任学徒的企业师傅。企业师傅应着重指导学徒进行岗位技能操作训练，帮助学徒逐步掌握并不断提升技能水平和职业素养，使之能够达到职业技能标准和岗位要求，具备从事相应技能岗位工作的能力。"[①]应该注意的是，企事业单位在职人员在应聘兼职教师前应征得所在单位的同意。学校应制定兼职教师管理办法，具体负责聘请兼职教师工作的组织实施。兼职教师上岗任教前，学校和企业应对其进行基本教学能力及相关法律法规的培训，同时可以根据实际需要进行固定岗与流动岗的科学、合理的双向流动与转化，以利于学生的高质量、靶向性的培育。学校应定期开展企业师傅培训活动，提高企业师傅的教学能力。此外，学校应通过多种举措加强学校导师和企业师傅之间的交流与合作，推行校企双向"互聘共用"，互相学习，共同进步。

（二）培训与激励

1. 培训

实施双导师制度，学校和企业应重视双导师的培养培训。

（1）明确培训目标

具有先进职业教育理念，教学科研创新、课程开发、教学改革与技术实践能力突出，并能适应高层次学徒制人才培养教育教学和教育创新基本需求。

（2）制定并执行培训制度、培训方案

校企双方是双导师的培训主体，坚持校企"共同培养、互聘共用、双向流动"的原则，校企共同制定双导师师资队伍建设的整体规划和培训方案，明确培训举措。一是培训内容上突出面向未来工作世界与高等教育现代化；

---

① 人力资源社会保障部，财政部. 人力资源社会保障部　财政部关于全面推行企业新型学徒制的意见［EB/OL］.（2018-10-12）［2024-05-15］. https://www.gov.cn/zhengce/zhengceku/2018-12/31/content_5433916.htm.

二是培训模式上通过"校、企、校"跨界协同培养，促进教师专业情意、专业能力与实践智慧一体养成；三是有针对性地通过"请进来、走出去"，定期组织不同形式内容的专题培训，提升双导师的职业素养；四是成立双导师工作室，制订双导师工作计划，促进双导师协作开展工作。最终，使选拔出来的高层次学徒制双导师具有精深的理论知识、较强的实践能力、良好的教育教学能力和高尚的师德素养。

优秀的双导师合力指导学生，校企双方必须加强教师培训的合作。学校和企业有针对性地制定并有效执行培训制度、方案，首先要做好需求分析。然后结合实际做好培训项目设计。校企双方共同确定培训目标、内容、时间、形式及相关保障条件，明确各自的培训职责，形成双导师个性化培训计划并促进其落实。①

（3）注重提升学校导师的专业技能

学校教师培养培训的重点是让教师深入一线，提高实践教学能力和实际技术技能水平，主要培养培训方式包括：一是到企业进行调研交流与实践锻炼。依托企业工作岗位，了解岗位群的能力标准及其变化，实时调整人才培养方案及培养规格；二是学校教师协同企业师傅教学与科研。针对企业生产服务实际及人才培养实际需要，开发岗位课程、教学资源，开展科研及产品攻坚工作，破解生产与人才培养中的实际问题。

（4）注重提升学校导师的实践能力

学校导师"双师"素质不仅指教师考取相应的职业资格证书，还要求具有企业实践经验。②学校按照规定组织校内导师到企业定期学习，了解企业相

---

① 张启富.高职院校试行现代学徒制：困境与实践策略［J］.教育发展研究，2015，35（3）：45-51.
② 张碧娴.德国双元制职业教育师资培养模式的实践与启示［J］.职教通讯，2018（17）：74-79.

关生产流程、工作任务及其对人才培养的要求，通过企业实践有效提高校内导师认识和解决实际问题的能力，为基础学科、专业课的讲授及以问题为导向的科学研究创造良好的条件。

（5）注重提升企业师傅的教学能力

企业师傅培养的重点是让他们走进学校专业课课堂，注重提高教育教学理论素养和执教能力。主要培养方式包括：一是安排企业师傅到校参与教学文件的撰写、课程与教学资源的开发、教学方法和教学手段等教学常规工作的培训；二是选派企业师傅参加培训进修，更新教育理念，学习专业内涵建设的先进方式与方法，等等。

学校应采取切实措施，加强对企业师傅的培训工作。企业师傅的培训主要侧重于以下方面：一是加强对教育教学规律与技术技能人才身心发展特点及职业成长规律的认识和把握；二是了解职业教育政策与法规、相关的人才培养政策与法规；三是教学基本能力培训，包括教学组织与管理能力、教学数智化技术培训等；四是介绍学科领域的前沿动态和发展情况等。

根据企业师傅技术技能水平高，但教学能力相对较为薄弱的特点，制订企业师傅教学能力提升方案：一是学校组织提升专项教学能力，选拔水平高的教师（讲师职称以上）为企业师傅进行教学方法培训，专项培训时间一般不低于两周；二是企业师傅定期到学校课堂观摩学习，学习课堂教学方法、了解学生学习情况；三是学校导师定期到企业为企业师傅讲授教学方法。通过定期开展有针对性的培训活动，促进企业师傅树立新的理念，丰富其知识储备并有效提升其实践指导能力。

2. 激励

学校的生命力来自每一位成员工作学习的热情投入，个体对学校的价值并不完全取决于其天赋和能力，主要看其动机水平的高低。双导师制度有效激发个体的内在动机，鼓励其朝向所期望的目标行动，特别需要运用适宜的激励机制来调动其自主性，发挥自我效能。

（1）基于考核结果的激励

通过学生民主评议、导师自评和领导同事测评等形式，对双导师进行综合考核。考核结果可以纳入学校导师和企业师傅的年度考核之中，作为其年度考核的重要组成部分。同时，根据对学校导师与企业师傅的考核，学校制定相应的规定，对于考核结果优异的导师，给予不同程度的奖励，并通过奖金或者物质奖励等不同形式，鼓励双导师主动投入更多的时间和精力用于学生综合职业能力的提升和技术技能养成，引导形成优秀的教师文化，培育工匠精神。学校和企业应合理运用物质奖励、精神激励、职业发展激励等方法，加强团队激励，充分调动双导师团队及个人的工作积极性，关注教育教学能力提升和科研、社会服务能力提升，引导双导师重视岗位实践能力、合作课程开发与教学能力的提升，真正成为学生的合格导师。

（2）基于校企合作的激励

双导师制度的良性运行，除强调分工外，更要充分合作。学校应通过制度建设、平台建设等路径，加强学校导师、企业师傅之间的合作互动交流，推行校企双向"互聘共用"，互相学习，取长补短，共同进步与成长。[①] 学校制定政策支持校内导师进企业开展实践锻炼，鼓励学校导师与企业师傅共同开展科研课题申报与研究、课程开发等活动，提高学校导师服务产业发展的能力。企业师傅和学校导师享受同等待遇，并在课题申报、评优评先、职称评审等方面予以倾斜。企业鼓励企业师傅考取高校教师资格证，学校在不违背国家有关政策的前提下为其获取相关证书创造条件，企业应支持企业师傅参与学校的教育教学能力培训、开展高层次学徒制教学等活动。

---

① 李建兴. 现代学徒制背景下"双导师"队伍建设问题的探索与实践［J］. 教育信息化论坛，2023（1）：36-38.

四、双导师的考核与评价

健全的考核评价机制是激励和督促双导师履行工作职责的重要手段，是推动高层次学徒制双导师队伍规范化、专业化发展的必要措施，是高层次学徒制不可缺少的工作环节。双导师往往采取"学校＋用人单位""校内理论型导师＋校外实务型导师"的基本模式进行人才培养。[①] 学校和企业应系统建立考核评价制度，科学合理地实施考核评价。

合理、有效的评价和激励制度能够充分调动学校导师和企业师傅的指导积极性。为此，可采取以下举措：第一，校企协同考核评价。双方共建考评小组，由考评组织对双导师的指导内容、方法、效果等进行综合考评，考核更为全面；第二，多种方式考评，使考评更加客观。通过学生民主评议、导师自评和领导同事测评等形式，对双导师进行综合考核，并按照一定比例计入考评结果；第三，重视考核结果，以评促改。校企双方应重视考核结果，并将考核结果作为双导师年度绩效考核的重要依据。对于表现优秀的导师，应肯定其工作业绩，提高导师待遇和地位，给予其相应的激励，使其在物质方面有所收获的同时，在精神方面也能得到相应满足，提高教师的尊严感，具体而言：

（一）考核

双导师的考核包括学校导师的考核和企业师傅的考核两个部分。

1. 考核方法

校内导师与企业师傅的考核主要通过学生民主评议、导师自评和领导同

---

① 邢菲，刘晓. 制造业转型升级背景下的现代学徒制：困境与突围［J］. 职教论坛，2017（13）：69-72.

事测评相结合进行。

2. 考核原则

绩效考核直接影响双导师的奖惩待遇,有效调动双导师的工作积极性,必须坚持科学、客观、公平、公正原则,学校和企业共同对双导师进行绩效考核。一方面,要规范平时考核。学校的教学管理部门、督导部门联合企业管理人员履行监督、检查职责,通过随机不定时听课抽查等方式,对校内导师和企业师傅平时工作进行监督检查,将双导师的平时工作情况考核结果纳入年终考核中去;另一方面,要做好双导师的年度考核工作。平时考核与年度考核相结合,定性与定量考核相结合,科学、客观、公平、公正地实施双导师绩效考核。

3. 年度绩效考核

常见的年度绩效考核的程序是:首先,被考核人员进行个人总结、述职。其次,主管领导在听取群众意见、学生意见的基础上,按照绩效考核指标体系,合理计算双导师工作绩效。再次,评定考核结果。根据学校和企业绩效考核规定,确立考核结果。最后,明确考核结果的使用。绩效考核结果作为双导师晋升、聘任、奖惩、解聘、调整岗位(流动)以及调整工资待遇的重要依据。

(二)评价

评价是保障双导师制度实施的有效路径。为保障高层次学徒制专业教学正常运行,提高人才培养质量,高层次学徒制举办者要对双导师的工作绩效进行客观公正评价。高层次学徒制双导师评价除具有高等教育教师评价的共性外,还具有独特性。

1. 评价主体多元化

双导师管理的双主体决定学校和企业共同评价双导师履行工作职责情况，校企互为考评方对学校导师和企业师傅进行评价，除此之外，还要有学生、相关专家参与。

2. 过程性评价与终结性评价相结合

校企双方应按照过程性评价与总结性评价相结合的原则，联合对双导师实行双主体考核。

3. 评价内容全面、客观

评价内容包括师德、教学业务水平、课程设计与教学、指导能力、学生日常管理与职责履行情况、工作成效等。

4. 评价指标体系针对性、可操作性强

学校和企业应共同完善双导师评价指标体系，分别评价双导师工作绩效。学校导师的评价依据是学校专业教师考核管理办法，主要评价其师德师风、教学、企业实践、科研和社会服务等方面。企业师傅的评价依据是企业员工岗位技能标准和学校兼职教师考核管理办法，主要评价企业师傅承担的教学任务和带徒工作情况。双导师评价指标体系至少包括如下五个维度（详见表8-1），即学生的感知效果、学生的学习与职业素养情况、导师的指导情况、导师的师德和导师的技术技能水平。评价指标体系没有一个绝对化的标准，高层次学徒制专业要结合学校和企业实际，科学合理制定并执行双导师考核评价指标体系，采用多样化评价方法，如团队自评、校企互评、问卷调查、现场考察等[1]，对双导师履行工作职责情况进行评价，并得出科学、客观的评价结果。

---

[1] 林啸.现代学徒制背景下职业教育双导师队伍建设的问题及策略研究［J］.现代职业教育，2021（48）：1-3.

表 8-1 双导师的考核评价体系

项目序号	评价维度	具体指标
1	学生的感知效果	提升学生的专业知识水平、技术技能水平、素养水平以及考证、参与竞赛的能力等
2	学生的学习与职业素养情况	对论文撰写的认知、同导师的联系情况、自主寻求问题的解决方法、学习能力与习惯等
3	导师的指导情况	见面次数、交流时间、方式、内容、渠道等
4	导师的师德	是否爱岗敬业、关爱学生、团结协作、为人师表等
5	导师的技术技能水平	相关专业技术技能、教学技能等

5.评价结果的反馈与使用

学校将校内导师在企业的实践和服务纳入教师绩效考核，并作为晋升专业技术职务的重要依据。企业将企业师傅承担的教学任务和带徒经历纳入员工业绩考评，并作为晋升技术职务等级评定的重要依据。

第九章
实习实训基地建设与管理

高层次学徒制实习实训基地是学校和企业、行业（协会）、科研院所、政府机构、社会团体等利益相关者共建共管的，进行实训教学、教研科研和社会服务的重要场所，是提高人才培养质量的根本保障。加强实习实训基地建设，是彰显高层次学徒制特点和优势、提高教学质量的重点。系统化实习实训基地建设，有利于学生通过教学实验、综合实训和实习轮训，获得单项技能、综合技能和职业素养，切身体验真实的工作环境、工作岗位及工作过程。

一、实习实训基地建设的原则

实习实训基地应按照"科学规划、统筹规划、合作共建、资源共享、分步实施"的基本思路进行建设。高层次学徒制实习实训基地是一种实践性、开放性、职业性的教学环境，具有建设投入大、主体多元、工程复杂、成果产品化、功能多样化的特点。为促进校企紧密合作建设实习实训基地，打造真实的工作场景，提高其使用价值，按照国家、地方出台的现代学徒制和高等教育实验室、实习实训建设制度规定，结合高层次学徒制人才培养特点和系统化培养规律，高起点、高标准、高要求建设高层次学徒制实习实训基地。

（一）方向性原则

实习实训基地建设是实践教学工作的重要内容，实习实训基地有实践性教学、实训、职业技能培训、职业技能鉴定、实验研究教学、生产、技术服务等多种功能，基础功能定位为服务学生实践能力养成。[①] 高层次学徒制实习实训基地建设应紧紧围绕培养目标要求，坚持为专业人才培养服务的基本方向，在进行职业技能训练的过程中，需重视并强化对学生的思想政治教育，培养职业素养。

（二）真实性原则

学校和企业进行实习实训基地建设，为促进工学结合、知行合一、德技并馨，应坚持真实性原则。无论模拟的还是真实的，都要尽可能地让学生在一个真实的职业情境下按照专业职业岗位群对从业人员的要求，得到情境模拟训练和实战训练，尽可能缩小与职业岗位群中的多个职业、岗位要求及需求的差距。生产流程型、虚拟仿真模拟型校内实训室等校内实习实训基地建设，尽可能贴近生产、技术、管理和服务的第一线，按照企业真实生产要求进行空间布局，按照企业的生产流程组织教学，创设职业氛围，融"教学做"为一体，让学生在实际职业环境中得到锻炼和提高。

---

① 梁宁森，梁宇坤.职业教育公共实训基地：功能定位、主要类型及优化发展策略［J］.中国高教研究，2018（2）：98-102.

（三）先进性原则

为避免学校人才培养的周期性造成人才供给滞后，实习实训基地建设规划和实施方案应具有前瞻性，投入具有前瞻性、持久性，尽可能购置体现本行业新工艺、新技术和新需求的先进生产设备。坚持以行业科技和社会发展先进水平为标准，规范实习实训基地的设备设施及活动中心（室）等建设，在技术、设备、管理、教学手段方面适度超前，并不断地通过新技术改造、设备更新、资源优化整合等方法，保持实训基地的先进性，使学生在实习实训中，学习并掌握本专业领域前沿技术和实际应用的本领。

（四）效益性原则

建设实习实训基地，企业有着得天独厚的优越条件。为提高企业等多元利益相关者参与实习实训基地建设的积极性，学校、企业等利益相关者在互惠共赢的基础上，通过校企出资共建、引企入校、引产入校、企业投资等方式，建设实习实训基地，并在共建共管中，通过扩大多功能实习实训场所规模，提高其质量和功能，尽可能提高实习实训基地的社会适用性，提升社会效益和经济效益，这是实习实训基地稳定持续运行的重要基础。学校和企业应确保实习实训基地的开放率，满足学生日常技术增长和技能训练的需要。在此基础上，主动把企业生产目标与学校教育目标结合，向校内外开放，进行实习实训、技术技能培训、技能鉴定、技能大赛等服务，通过借鉴、引进，与国内外高水平应用型本科学校、职业本科学校、知名企业合作，提高实习实训基地建设水平和社会服务能力，发挥基地的使用效益，使之成为对外交流的窗口和对外服务的基地。

（五）规范性原则

实习实训基地建设是个系统的长久持续建设的过程，必须有章可循、有法可依，规范性原则是实习实训基地建设最为基本的原则。学校和企业应建立共建共管机制，成立实习实训基地建设管理委员会、实践教学部等专门管理机构，统筹规划、建设、运行管理、产出、评价各个环节。学校优先选择大中型企业合作建设实习实训基地，使学生尽早接触行业先进装备和工艺及真实的工作场景。双方共同制定并完善工作本位学习管理办法等实习实训管理制度，明确实习实训基地师资配备、时间安排、安全责任、质量保障等方面要求，制度化管理学生实习实训，持续优化管理方法，规范学生实习实训期间的行为规范，保证实习实训中教师讲解到位、示范到位、指导到位。

二、实习实训基地的类型及功能

高层次学徒制实习实训基地多功能化决定类型多样化。按照实习实训基地建设的场所进行分类，实习实训基地可分为校内实习实训基地和校外实习实训基地，前者主要建在校内，以单项、多项专业技能训练为主，后者主要建在校外企业、科研院所等机构，以培养、检测、锻炼和提高学生专业技能、综合职业能力为目的。具体来看，校内实习实训基地包括学校的实验中心和科研机构等。校外实习实训基地除传统的集中实习基地外，还包括学生自己联系的实习单位及在校外完成毕业设计的企业、公司等。[①] 实习实训基地有很多分类方式，下面重点介绍典型的实习实训基地。

---

① 邓军，李天和，冯大福，等. 高职工程测量专业实习实训基地建设的研究与实践 [J]. 实验室研究与探索，2008（10）：136-139.

（一）基本技能训练中心

基本技能训练中心一般建设在校内，对学生所需的基本专业技能进行训练。它以满足本专业所需要的综合职业能力为宗旨，以培养学生的专业知识、技术技能为主线，以工作任务为导向构建实训实践教学内容，满足高层次学徒制学生提升实践技能的需要。基本技能训练中心主要依托专业实训平台，模拟企业真实环境，对学生进行专业技术技能培训。该基地注重软硬件设备配套等基础设施建设，以实训教学为主，功能较为单一。

（二）学校工厂化实训车间

学校和企业根据人才培养目标和企业职业岗位标准要求，确定学生应具备的基本职业能力和专业职业能力。按照"教学过程与生产过程对接、学历证书与职业资格证书对接"的指导思想，坚持以问题为导向，以项目为载体，项目贴近企业实际、学生实际，学校将企业的生产环境、工作过程引入生产性实训基地，在实训车间，"双导师""双指导"，以真实项目为依托开发实践教学项目，进行实训。学生在实训车间边实训边学习。以学校工厂化实训车间为载体，实现实训教学与企业工作岗位相对接，确保人才培养更符合企业的需求，学生技术技能发展与企业生产技术发展同步，获得高层次学徒制所需的职业技能训练[①]，实现工厂化实训基地的教学性与训练性的有机结合。

（三）企业在岗实习轮训基地

企业在岗实习轮训基地，是指在企业的实习实训基地。企业实习实训基

---

① 杜中一.高职校企共建生产性实训基地运行中存在的问题、原因及对策[J].现代教育管理，2015（3）：111-114.

地的选择应该综合考虑企业规模、提供的实习轮训岗位及数量、工作安全性、配套管理和服务等因素，这是规范化建设实习实训基地的前提和基础。企业实习实训基地，要求有充足的实习岗位，能实施轮岗制。大部分生产制造型车间能够提供的岗位数量较多，但不同类型岗位之间工作任务差距较大。为提高学生综合职业能力，促进学生熟悉相关职业工作岗位，提高就业适应性，实现学生职业生涯可持续发展，实行在岗实习轮岗制度，这是高层次学徒制实习实训基地建设的根本要求。

在岗实习轮训基地建设应注意，一要保障企业生产的条件和质量，确保企业的正常生产。二要保证实习实训基地的教学功能，明确校企双方在实习实训基地教学中的责任，确保生产性实践教学的效果。三要约定校企双方在实习实训基地建设和管理中承担的责任和义务，健全实习轮训管理运行制度。在保持整体实习稳定性的前提下，根据市场和企业的需求变化，结合高层次学徒制实践教学要求，学校和企业制订实习轮训计划，明确目标、实习轮训内容与出徒标准等要求，并适时调整优化实习轮训计划，建立并完善管理制度，约束校企双方的行为，推进高层次学徒制企业轮训基地的平稳运行。[1]

（四）虚拟仿真实训基地

虚拟仿真实训基地是以学校为依托，以学生为中心，结合行业企业需求，利用现代信息技术与虚拟现实技术建立起来的实训基地。虚拟仿真实训基地具有虚拟性、交互性和沉浸性等特点。

虚拟仿真实训基地建设应以信息技术和虚拟现实技术为主要手段，遵循科学规划的原则，结合校企共同需求，建立供学生实习实训和企业培训的虚

---

[1] 孙云志.高职远程共享型实训基地建设：进路、逻辑及推进路径［J］.现代教育管理，2013（12）：57-61.

拟、远程实习实训环境，实现实习实训基地资源共享、促进实习实训基地的持续发展。

虚拟仿真实训基地建设一般包括以下内容。一是建设虚拟仿真实训室。虚拟仿真实训室应划分为不同区域，如教学展示区、教学互动区和模拟仿真操作区等，各专业可根据专业特点设置虚拟仿真实训室区域。二是建设虚拟实训信息化网络管理平台。管理平台应对学生身份进行管理与认证，根据学生设置的不同职业角色给予学生不同权限，并提供相应的实训项目，供学生在线学习和实训。三是建设虚拟仿真实训平台智能的交互实现方式。虚拟仿真实训基地应运用虚拟现实技术和对应的设备重组实训软硬件设备设施，形成对实训对象的精准控制与感知，使学生通过超链接和虚拟场景相关联，生成交互式实训数据，最大限度地还原真实的实训项目，促进学生沉浸式学习。四是建设虚拟仿真实训基地的校企合作机制。学校建设虚拟仿真实训基地应充分听取企业意见，以企业岗位需求为导向，有针对性地设置虚拟仿真实训项目，建设校企互认、资源共享的虚拟仿真实训基地。

三、实习实训基地的运行管理

实习实训基地建设的落脚点是为了更好地运行。为提高实习实训基地建设的有效性，建设"教学、科研、服务、就业"四位一体的校内外实习实训基地，校企等利益相关者需要从投资、建设和管理三个环节入手全面系统建立健全实习实训基地运行管理机制，以便学校和企业等利益相关者持续有效进行实习实训基地建设。

（一）建立校企共建共管机制

高层次学徒制重视实践教学，实习实训基地是重要的实践教学场所，为提高企业参与高层次学徒制实习实训基地建设的意愿和行动力，必须完善校企共建共管机制。实习实训基地运行管理应实行"双轨制"，特别是实践性要求高的实习实训基地，除按学校教育教学管理机制运行外，还应适应市场经济发展规律并按照现代企业管理机制运行。因此，完善校企共建共管机制，首先要了解企业参与高层次学徒制的意愿、动机及能力。学校在举办高层次学徒制之前，应进行实践教学的需求调研，主动了解兄弟院校同类专业实践教学开展情况与实习实训基地建设情况。主动深入企业，了解相关职业工作岗位最新信息与实践能力要求，以及企业参与实践教学的意愿和可能性。其次，基于调研结果，校企等利益相关者对实习实训基地投资、建设和管理进行协商，确立实习实训基地共建共管举措，促进多主体、多部门协作联动。最后，设立企业参与实习实训基地建设的管理机构，明确管理职责，校企融合国家职业资格标准，按照企业的职业岗位要求和学校人才培养规律，建立健全校内外融通一体的工学交替制度体系，主要包括培训标准、岗位标准、安全生产操作规程和考核标准、企业师傅管理制度、学徒实习管理制度、学生个人实习档案管理制度、企业师傅遴选制度、指导教师工作职责、带徒师傅工作职责、实习轮岗教学方案、校企定期会议制度、指导教师绩效管理办法、校企双方评价办法等，严格按照标准和制度进行规范管理。

（二）完善实践教学体系

强化并完善实践教学体系是建设实习实训基地，提升学生应用能力、实践能力的着力点。所谓实践教学体系，一般是指围绕学校人才培养目标定位，运用科学的理论和方法，对实践教学的各个要素进行整体架构，通过合理设置实验课程和实践环节，建立起来的与理论教学体系并行并重的教学体系。[①] 高层次学徒制打破传统的实践教学模式，整体设计实践教学体系，确保实践教学课时比例占总教学时数的 50% 以上。校企根据技术技能人才系统化培养规律，按照由浅入深、由单项到综合、由局部到整体的逻辑进阶，构建从单项技能训练、综合实训到实习轮训、毕业设计层层递进的实践教学体系，并动态更新调整实践教学体系。实践教学体系应以实践为核心，对实习实训的目标、任务与形式，高层次学徒制指导教师的选择、实习实训的流程与时间安排、结果考核评价、配套保障等进行合理安排，并从教学目标、教学内容、教学情境、教学方式、教育评价方面突出应用性。实践教学设计以成果导向理念为指导，重点围绕学生的实践能力展开，并注重与职业资格标准、行业技术标准、岗位要求等对接。教学情境设定为企业或模拟企业工作环境，教学方式以真实项目、真实案例、真实问题驱动，教学评价注重过程性评价与结果性评价结合，企业评价和学校评价结合，评价与反馈结合。

实习实训包括实习实训前期、中期和后期三个阶段，学校和企业应分阶段、有重点开展基本技能训练、专项技能（或能力）训练和综合技术应用能力培养。为了加强和促进实习实训基地的建设和规范化管理，学校和企业应按照教学要求制定实习实训大纲、计划及手册等教学文件。学生、指导教师应按照要求如实填写实习实训手册，实习实训手册的内容一般包括实习实训的目标、过程记录、心得反思、指导教师的评价等内容。教务处等实践教学管理部门对实习实训基地的建设、实习质量和管理情况，采取定期和抽查的形式进行评估检查。

[①] 孔繁敏.应用型本科人才培养的实证研究：做强地方本科院校［M］.北京：北京师范大学出版社，2010：149.

（三）不断提升实习实训基地建设水平

高层次学徒制要求学生能够真正走出学校，到企业进行工作本位学习，必然需要场地、岗位、项目、时间及企业人员等支持。校企共同开发高层次学徒制专业实训教学条件建设标准，共建实验室、实训室和实习实训基地，合作培养培训师资，合作开展技术研发等，按照"内外互补、产教兼顾、资源共享"的原则，多元利益相关者建设融教育、培训及研究为一体的共享型人才培养实践平台，完善投入运行机制，不断增强和拓展实习实训基地功能，使校内外实习实训基地设备设施先进、布局合理、资源共享、功能互补，并与实践教学体系相匹配。

实习实训基地一经投入使用，基础设施要能够持续满足因材施教的实践教学要求。随着科学技术的快速发展，需要不断加强投入，提高其建设的先进性。学校和企业利用"互联网+"等新一代信息技术，优化资源配置，稳步提高校内外实习实训基地建设水平，从质量上和数量上满足实践教学需要。具体体现在：一是提升数字化建设水平。利用数字化技术，让学生在实习实训中参与领会从数字化设计到数字化生产各个环节，有效培养数字化人才。二是提升实习实训的真实性。对生产中的细节进行仿真分析，塑造虚拟仿真环境，突破教学时空限制。三是增强实践性教学的互动性。为加强教学过程与生产过程的实时互动，应持续优化教学管理平台，通过监控、实时反馈等过程性管理，促进校企互动、师生互动、人机互动。一方面便于采集企业生产过程、工作流程等方面的信息，并适时传送到学校课堂，丰富校内实习实训。另一方面，便于学生上传实习实训日志和心得，师生、生生、人机之间在实习实训过程中进行互动，学校和企业能够实时掌握实习实训动态，根据学生实习实训情况及时调整实习实训基地具体计划与安排，调整学生实习实训教学内容，优化实习实训设施设备。同时，方便教师与管理人员、学生之间互动，提高实习实训基地管理效能。

（四）强化双导师的指导

高层次学徒制在实习实训基地进行课内实验、课程设计、综合实习、毕业实习和毕业论文等环节的实践教学，每一个教学环节的开展都离不开双导师的指导，双导师指导学习是实习实训基地建设的重要内容。强化双导师的指导，一是双导师及实践教学管理者要充分理解工作场所双导师指导学习的重要性与要求。知道工作场所指导学习的相关原则，这些原则包括目标导向活动的学习、个人基础知识的建构、指导而不是教导的认识、引导个人学习职业技能所需的各种知识，还包括学习晦涩难懂的知识。[①] 懂得一些指导学习的方法和技术，以及如何建立和谐的指导关系。二是通过"引进来""送出去"等方式，多路径提升实践教学指导能力。从专业相关行业、企业、科研院所聘请知名专家、高管、高技能人才，担任兼职教师，兼职教师授课或进行实践教学指导，校内导师跟班听课或共同指导。有计划选送中青年教师到企业、科研院所跟岗学习或顶岗工作，不断积累实践经验，提高实践教学指导能力。

---

① ［澳］史蒂芬·比利特.工作场所学习：有效实践的策略［M］.欧阳忠明，等译.南昌：江西人民出版社，2017：154.

第十章
质量保障

学徒培养质量是学徒制成功的关键,所以任何时候、任何层面强调学徒培养质量的问题都不为过。[①] 质量保障是高层次学徒制的重要任务,为确保高层次学徒制顺畅且高质量实施,获得良好声誉,基于我国国情开展高层次学徒制,坚持内外部质量保障相结合,除加快外部质量保障建设外,更需要发挥内部质量保障的基础作用,激发学校和企业的内生发展动力。

一、高层次学徒制质量保障概述

(一)中国特色学徒制质量保障

质量保障是指为提供某实体能满足质量要求的适当信赖程度,在质量体

---

① 徐国庆,等.职业教育现代学徒制理论研究与实践探索[M].北京:经济科学出版社,2021:411.

系内所实施的，并按需要进行证实的全部有策划的和系统的活动。①中国特色学徒制育人主体、学生身份、教学地点的变化及招生与招工一体化制度引起质量保障体系、运行机制的变化。国际劳工组织认为学徒制的国家质量保障是针对所有的培训所制定的流程以及评估和认证，并通过制定标准监测学徒制的实施情况，评估和认证学徒获得的能力，以及评估培训与劳动力市场的相关性。②除国家质量保障外，中国特色学徒制质量保障还包括地方政府的质量保障和学校内部的质量保障，其中地方政府的质量保障强调对学徒培养过程中相关行动主体间的行为和关系的规范和调节，更强调过程的控制③，而学校内部的质量保障强调学校和企业对学生培养过程的全周期保障。

（二）高层次学徒制内部质量保障

高层次学徒制是在高等教育阶段开展的中国特色学徒制，其质量保障具有高等教育的一般性，从范畴上看，是一项始于市场调研、专业设置、招生，止于毕业答辩、离校就业的长期、认真、细致的工作。④高层次学徒制质量保障既有高等教育人才培养质量保障的全过程性，也具有中国特色学徒制人才培养质量保障的开放性，因此，高层次学徒制内部质量保障在注重结果的同时，也注重过程，尤其是行业企业的参与，可具体化为学徒选拔、企业资质审查、课程匹配以及学徒管理等内容。⑤企业以营利为目的，为确保企业

---

① 田恩舜. 高等教育质量保证模式研究［M］. 青岛：中国海洋大学出版社，2007：26.
② International Labour Organization. Digital toolkit for quality apprenticeships［EB/OL］.（2023-02-22）［2023-04-16］. https://www.ilo.org/topics/apprenticeships/publications-and-tools/digital-toolkit-quality-apprenticeships.
③ 徐国庆，等. 职业教育现代学徒制理论研究与实践探索［M］. 北京：经济科学出版社，2021：411.
④ 林健. 卓越工程师培养的质量保障（上）［J］. 高等工程教育研究，2013（1）：23-29.
⑤ 徐国庆，等. 职业教育现代学徒制理论研究与实践探索［M］. 北京：经济科学出版社，2021：411.

实质性参与，形成校企命运共同体的价值共识，高层次学徒制质量保障应该融入企业绩效管理思想，注重以市场为导向，从更微观和具体的育人环节保障人才培养质量。概括而言，高层次学徒制质量保障是以学校和企业为质量保障主体实施的，以市场需求为导向，以质量目标和标准为依据，以质量标准、质量结构和质量保障流程为核心内容[①]，监控、评价和衡量高层次学徒制实施前、实施过程及结果是否达到预期质量目标的质量管理活动。

二、ADDIE 模型简介

（一）ADDIE 模型的发展演变及其内部构成

"ADDIE"这一术语或概念最初出现在美国培训与发展协会（ASTD）发布的关于教学系统开发基础的指南中[②]，目前该模型已发展到第四代（详见图10-1），"是一种以教学设计为核心、组织功能为辅助、质量提升为导向的理论模型，通过教学设计系统、组织功能系统以及质量提升系统这三个子系统的有效协同与运作，推动培训项目的持续进行，并最终达成提升组织绩效的既定目标"[③]。ADDIE 的五个字母分别表示 Analysis（分析）、Design（设计）、Development（开发）、Implementation（实施）和 Evaluation（评估），代表五个教学环节，其中评估环节是核心。这些教学环节互相制约、不断完善，形

---

① 李志义，张小钢，宫文飞，黎青青.高校内部质量保障标准构建：策略、框架与要求［J］.高等工程教育研究，2023（4）：8-14.

② Molenda M .In search of the elusive ADDIE model[J]. *Performance Improvement*, 2003, 42(5):34-36.

③ 刘嘉俊，胡巧真.企业培训模型发展研究：基于 ADDIE 模型［J］.企业经济，2015（11）：74-78.

成相互作用的内生循环系统，以便教学的良性构建与优化。①

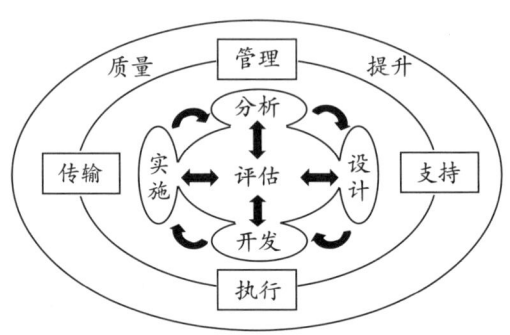

图10-1　ADDIE通用模型

（二）ADDIE 模型的核心是教学设计系统

教学设计系统是教学设计过程最为常见的模型，包括五个阶段（详见图 10-2），其中"分析"和"设计"环节是前提，主要明确要学什么（学习目标的制定），回答我们要去哪里的问题；"开发"与"实施"环节是核心，主要明确如何去学（学习策略的应用），回答我们怎样到那里；"评估"环节是保证，主要明确如何去判断学习者已达到的学习效果或成果（学业质量评价的实施），回答我们是否到了那里，目的是最大限度提高学习效率和学习成果。

> Analysis（分析）是指对学习目的与学习者、课程内容、教学工具与虚实教学环境等的分析，包括确认组织目标、工作/任务分析、需求分析、环境分析、媒体分析、成本与收益分析，其目的是找出学习者

---

① 郭存，何爱霞．基于 ADDIE：高素质农民培训实施机制与优化路径——以庄户学院为个案[J]．教育学术月刊，2022（2）：88-95．

的现状和预计达成目标之间的绩效差距。

- Design（设计），是指对将要进行的教学活动进行设计的过程，包括课程标准的编制、课程体系的规划、学习目标的确立和评价方法的设计等内容，其目的是形成操作性强的方案，让课程中的知识和技能符合学习者的特点。
- Development（开发），是指针对已经设计好的课程框架、评估方案，进一步进行相应的课程内容开发、教学设计、测试题目的编制等内容，其目的是开发教学内容，并通过评估检验目标达成情况。
- Implementation（实施），是指对已经开发的课程进行教学实施，主要指实施教学方案。
- Evaluation（评估），是指评估课程教学和学习效果以及传递机制，是个持续的过程。评估阶段包括形成性评估和总结性评估，其中形成性评估在 ADDIE 流程的每个阶段都要进行，而总结性评估通常在学习项目实施之后进行。不同形式的评估的目的是对项目完成情况、妨碍实施的因素等及时提供反馈信息，保证各个阶段能顺利达成预期目标，最终促进教学系统不断完善。

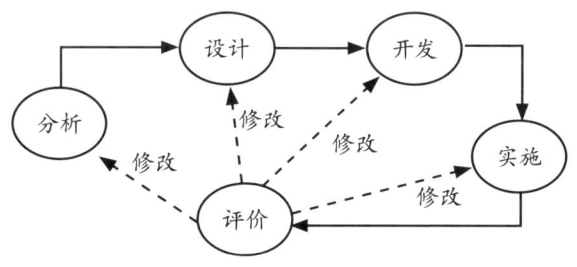

图 10-2　ADDIE 模型最基本模型

三、基于 ADDIE 模型强化高层次学徒制质量保障的必要性

现实国情下，应用 ADDIE 模型强化高层次学徒制内部质量保障十分必要，具体体现在：

（一）我国现行立法、政策等制度对高层次学徒制质量保障的规范性、指导性不强

高层次学徒制是中国特色学徒制的典型人才培养模式，目前国家和地方通过职业教育立法明确提出推行中国特色学徒制，仅对企业的部分责任、契约关系等做出明确规定，质量保障制度并不完善。2022 年 5 月 1 日颁布实施的《中华人民共和国职业教育法》第三十条明确了中国特色学徒制的培育主体、客体、企业责任、鼓励和支持的机制、工学结合的培养方式以及利益相关者的契约关系。此后，地方通过立法进一步明确推行中国特色学徒制，如安徽省实施《中华人民共和国职业教育法》第十条、《四川省职业教育条例》第五十三条、《天津市职业教育条例》第二十六条、《山东省职业教育条例》第二十六条，均明确了企业设立学徒岗位的责任以及校企联合招生、工学结合的学徒培养方式，国家和地方的中国特色学徒制管理制度仅对培养方式、管理做出宏观规定。学徒培养质量标准及评价、培养过程中相关主体的权利与义务的外部质量保障制度供给不足，中国特色学徒制质量框架存在整体设计不足、质量标准对接岗位不够、质量实施校企融合不实、质量监控体系机制不全等问题。[1]

---

[1] 周凤华，邓文辉.职业教育评价研究与实践的主要内容、特色亮点及未来改革重点——2022 年职业教育国家级教学成果奖"评价改革"主题获奖成果分析[J].中国职业技术教育，2023（27）：3-8.

（二）国外高层次学徒制质量保障的实践及经验难以本土化

西方国家高度重视高层次学徒制质量保障，德国通过测试、认证和鉴定，形成以职业行动能力为重点的系统化的考试系统、认证文化（学士、硕士和后期阶段的连续硕士）、鉴定文化（评估和定期审查）。① 意大利教育部发布教育和培训立法框架，建立国家评估体系，每三年发布一次教育系统评估的战略优先事项，国家文献、创新和教育研究院对提高培训质量发挥着关键作用，各地区和自治省负责干预措施，通过法律规范质量保障工具。② 英国通过建立教育资格与学徒制类型框架、雇主参与制定职业标准、完善学位学徒制授予能力标准等措施，建立健全学位学徒制标准体系，利益相关者参与课程开发，引入"终点评估计划"评判标准，加强教师专业化培训，保障学位学徒制质量。③ 德国、意大利和英国根据本国国情探索高层次学徒制外部质量保障框架及运作方式，如英国教育资格与学徒制类型框架，德国双元制教育制度下企业切实履行对学徒应尽的日常指导责任，欧洲学徒制在师傅的选择与培养方面有明确的制度保障等。④ 高层次学徒制是一种制度，我国现行国家资格框架制度、企业培训制度等外部质量保障制度是强化内部质量保障的基础和依据，基于现行制度优化高层次学徒制内部运行质量保障，必须考虑中国国情。

---

① Giz. Modelle Dualer Hochschulbildung [EB/OL].（2021-02-01）[2021-11-06]. https://www.giz.de/de/downloads/giz2021-de-modelle-dualer-hochschulbildung.pdf.
② Università degli Studi Roma Tre. Apprendistato di Alta Formazione Ricerca vademecum [EB/OL].（2019-07-10）[2023-02-27].https://www.uniroma3.it/?hd=Zm1ydDZ3d1Y1Zk5aejBoRmthTXdxZz09.
③ 刘思晴，吴向明.英国学位学徒制标准制定、质量保障措施及对我国的启示[J].教育与职业，2023（7）：67-73.
④ 孙日强，石伟平.国际视野下学徒制质量保障的实践举措与制度框架研究[J].职教论坛，2015（25）：34-37.

（三）国内缺乏高层次学徒制质量保障的实践经验作为参照

随着我国现代学徒制进入全面推行阶段，部分省形成了现代学徒制质量保障的地方经验，如江苏省形成了"省—市—校企"三级闭环、"管理—培养—成效"与"标准—实施—监控—改进"多维质量链耦合体系。① 个案省份现代学徒制质量保障的经验是基于省情在长期反复实践中凝练而成的，在一定程度上体现了现代学徒制质量保障的一般性和灵活性，但缺乏高层次学徒制质量保障的针对性。自 2011 年我国实施卓越工程师教育培养计划以来，基于卓越工程师教育培养计划的质量要求与工程教育认证，探索制定具有包容性的"卓越计划"质量评价体系②，立体化卓越工程人才培养质量保障模式等③。卓越工程师虽然是高等教育阶段校企联合培养机制的产物，但并非完全按照现代学徒制制度要求培养工程师，因此，需要针对现代学徒制制度特点，基于卓越工程师质量保障经验，建立健全国家、地方和学校三级中国特色学徒制质量保障体系。

四、基于 ADDIE 模型构建高层次学徒制教学质量管理体系

ADDIE 模型自产生以来，除广泛应用于教学设计领域、大中型企业职业培训领域，还应用于绩效管理领域。ADDIE 模型所体现的质量治理理念及其

---

① 周凤华，邓文辉.职业教育评价研究与实践的主要内容、特色亮点及未来改革重点——2022 年职业教育国家级教学成果奖"评价改革"主题获奖成果分析［J］.中国职业技术教育，2023（27）：3-8.

② 林健."卓越工程师教育培养计划"质量要求与工程教育认证［J］.高等工程教育研究，2013（6）：49-61.

③ 林晓艳，陈群，王东星.立体化卓越工程人才培养质量保障模式构建［J］.黑龙江高教研究，2014（10）：143-146.

内容框架，为从教学质量管理体系全面系统强化高层次学徒制质量保障提供依据（详见图10-3）。

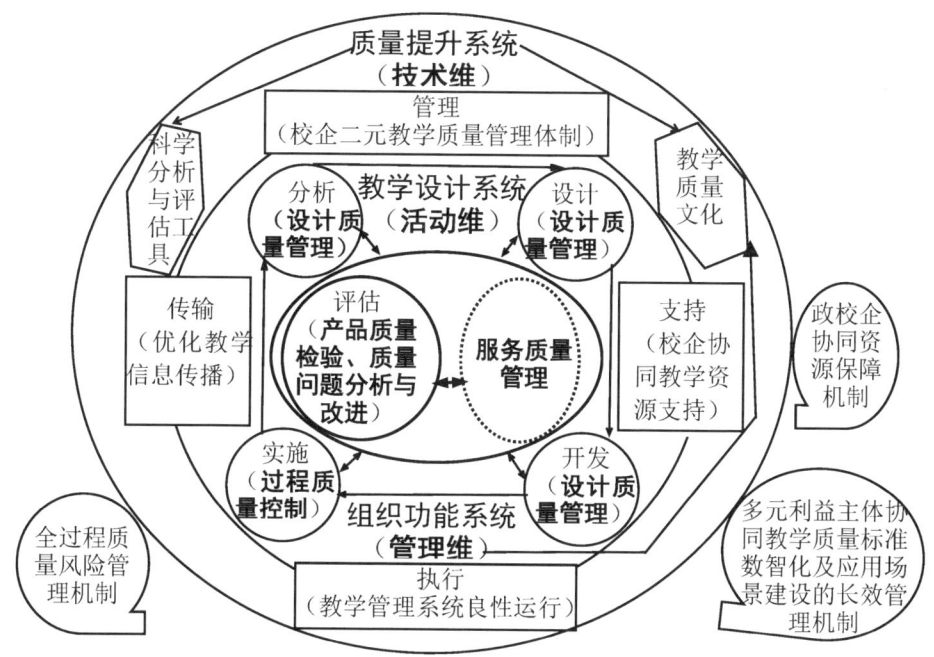

图10-3 基于ADDIE模型构建高层次学徒制教学质量管理体系的框架模型

（一）依据 ADDIE 模型中的绩效分析及绩效技术流程，规范高层次学徒制教育绩效管理

学徒制是降低企业薪资成本的有效途径[①]，建立健全校企联合培养机制，不能不考虑企业利益的实现。企业是高层次学徒制质量保障的主体，相比于

---

① 孙日强，石伟平. 国际视野下学徒制质量保障的实践举措与制度框架研究［J］. 职教论坛，2015（25）：34-37.

学校，企业更加注重组织绩效和个人绩效。为促进校企形成命运共同体的价值共识，学校按照高等教育人才培养的教育性要求强化高层次学徒制内部质量保障的同时，还应依据 ADDIE 模型规范高层次学徒制绩效管理。

　　按照 ADDIE 模型对工作绩效要求分析的规定，以绩效分析为依据完善绩效管理目标。本科职业教育阶段的现场工程师培养中实施了面向"攻坚克难"与"知行合一"的项目制[1]，项目制具有绩效考核、标准评价和短期效益特征，作为一种治理手段客观要求质量保障主体运用绩效技术规范绩效考核。高层次学徒制的教学绩效包含企业师傅在企业工作的绩效和带徒绩效以及学校教师的教学绩效、学生边学习边工作的营业业绩，如校园学徒制"在结业评价时，参照学生在校园学徒制中的运营业绩给定学业评价成绩，建立科学的换算标准，用业绩替换成绩"[2]。高层次学徒制中的多个利益主体具有多种教育绩效需求，企业尤其注重投入绩效、结果绩效，高等教育人才培养的过程性及其绩效的内隐性和不确定性决定高层次学徒制教育绩效管理包含投入绩效、过程绩效和结果绩效。ADDIE 模型是 ISD（Instructional System Design,）逐渐从学校教学走向企业培训而形成并发展的，整体性指向预期的绩效目标。[3]"质量提升体系的目的是个人绩效和组织绩效目标的实现。"[4] 按照 ADDIE 模型的绩效目标要求，举办高层次学徒制之前，学校和企业按照教学设计系统对分析环节的任务要求，通过绩效标准、成本与效益分析，制定组织和个人绩效目标及学生的营业业绩。校企双方以目标为导向，按照绩效

---

[1] 曾天山，陆宇正．面向现场工程师培养的职业本科专业设置：助推逻辑与优化方位［J］．国家教育行政学院学报，2023（7）：58-68.

[2] 骆永华，谭绍华，陈良华．校园学徒制：职业院校推进现代学徒制的校本探索——以重庆市九龙坡职业教育中心的实践为例［J］．中国职业技术教育，2021（19）：55-60.

[3] 吴娟，马宁，何克抗．人类绩效技术与教学系统设计的比较分析［J］．电化教育研究，2005（8）：8-13.

[4] 刘嘉俊，胡巧真．企业培训模型发展研究：基于 ADDIE 模型［J］．企业经济，2015（11）：74-78.

技术流程规范绩效管理。绩效技术（Human Performance Technology, HPT）是运用分析、设计、开发、实施和评价的系统方法来提高个人和组织机构的工作业绩的研究领域。[①]迈克尔·莫伦达印（Michael Molenda）认为，绩效改进干预措施，如激励、绩效支持系统等是通过分析、设计、开发、实施和评估形成的，也就是说，绩效改进干预措施与教学干预措施的发展之间相互关联。[②]基于ADDIE模型绩效技术的流程规范校企双主体绩效管理行为，破解企业参与少、不规范的问题。

（二）依据ADDIE模型所体现的价值取向和评估的内省循环特征，确立高层次学徒制教学绩效的产出导向和持续改进理念

ADDIE模型关注行为目标和表现性目标，基于该教学设计系统对目标达成的要求及过程性质量管理的要求，确立校企协同质量治理的理念。

1. 树立教学绩效的产出导向理念

ADDIE模型的教学设计系统不同于线性、环形和建构主义的教学设计模型，是个非线性教学设计模型，五个环节包含了反复修正。[③]该教学设计系统的优势是目标明确，包括学习者的知识、技能等目标及工作绩效要求，重视学习者的学习目标、工作业绩及其评价的设计与分析。为使企业作为质量保障主体全过程参与人才培养，学校和企业通常以契约方式保证二者在课程教学以及评价中形成稳定的合作关系，学生、学校教师和企业师傅签订三方契约，契约内容应包括对教学计划所涉项目主题、具体方法、实施期限、基本步骤、评价标准和预期学习成果的清晰描述。按照ADDIE模型分析环节的要

[①] 张祖忻.从教学设计到绩效技术［J］.中国电化教育，2000（7）：5-8.

[②] Molenda M .In search of the elusive ADDIE model[J]. *Performance Improvement*, 2003, 42(5):34-36.

[③] ［美］瑞泽，邓普西.教学设计和技术的趋势与问题（第二版）［M］.王为杰，等译.上海：华东师范大学出版社，2008.

求,通过需求分析、学情分析、绩效标准分析、成本与效益分析和虚实教学环境分析等分析,更为客观全面地确定契约中学习结束后预期所获取的学历证书和职业资格证书、职业技能等级证书及相应的知识、技能等学习成果要求,进而以契约方式约束质量保障主体注重教学业绩和学生的学习成果。

2. 确立持续改进质量的理念

评估是质量保障的重要手段,ADDIE模型中的评估环节处于分析、设计、开发和实施阶段的核心,随时评估,随时从评估阶段走向其他阶段,以及教学结果和学习成果的评定。[①]体现评估的内省循环特征,在教学的每个阶段实施评估,意味着建立从招生招工到就业的全过程质量监控机制,保证教学绩效的产出和质量持续提升,体现全面质量管理所坚持的持续改进理念。

(三)依据ADDIE模型中的组织功能系统的功能,从四个路径统筹完善高层次学徒制教学质量管理体系

组织功能系统具有管理、支持、执行和传输功能,负责设计整个教学系统,并保证其可操作,同时为教学系统提供资源支持和设备保障。[②]其中管理功能主要是指导或控制教学系统的开发和操作;支持功能贯穿于系统的各个组成部分,为教学系统提供资源支持;执行功能涉及每天的处理和记录保持,保证人才培养按计划实施;传输功能将通过课程教学传授给学生,并提供必要的设备和场所。[③]依据组织功能系统的四大功能,从四个路径统筹推动高层次学徒制教学质量管理体制和机制建设。

---

① 杨晓宏,张红卓,杨婧.基于ADDIE的教师培训流程模型构建[J].现代教育技术,2012,22(3):16-21.

② 刘嘉俊,胡巧真.企业培训模型发展研究:基于ADDIE模型[J].企业经济,2015(11):74-78.

③ 刘迫,刘佳.基于ADDIE模型的系统培训模式研究[J].中国人力资源开发,2012(9):47-50+78.

1. 完善校企高层领导参与的质量领导体制，形成校企协同质量治理的伙伴关系，体现管理功能

组织具有人力资源管理的基本职能，高层领导在质量管理的实施中扮演着最基础、最重要的角色。[①] 学校和企业全面履行组织宏观管理人力资源开发的职能，举办高层次学徒制之前，将质量管理纳入人才培养管理中，建立由校企双方高层领导构成的质量领导体制，进而履行质量领导职责，从组织战略发展的角度出发，系统化质量领导，包括制订质量保障计划，在组织管理目标中融入质量保障目标，建立健全学校质量管理组织机构及制度，统筹推动质量保障。

2. 建立教学资源保障机制，从组织战略角度确保质量资源投入与高效利用，体现支持功能

高层次学徒制实施工学交替教学组织方式，为保障教学秩序，学校和企业的人才资源投入伴随人才培养全过程。企业投入的教学资源形式多样化，最主要的形式是与学校共建共管实习实训基地。教学资源投入的利用直接反映组织投资效果，企业基于成本与收益分析，在投入教学资源后，就会发挥组织功能系统的支持功能，与学校建立健全教学资源投入与有效利用的机制，通过质量计划中教学资源投入的规划、建立健全实习实训共建共管制度等措施，确保教学资源投入及高效利用。

3. 基于传播学原理不断优化教学信息传播机制，体现传输功能

ADDIE模型分别明确了在教学设计系统的设计、开发、实施和评估阶段，教学管理系统的开发、安装和投入使用的任务，凭借教学管理系统实施全过程质量保障。体现ADDIE模型的传输功能，学校和企业除分阶段建立健全教学管理系统外，还要着眼于其良性运行，建立健全双导师制度。教师是教学管理系统的建设者之一，也是教学信息的传送者，建立健全双导师制

[①] 宋永涛. 权变因素影响下的中国企业质量管理实践研究[J]. 统计与信息论坛, 2013, 28 (9): 88-93.

度，有利于双导师在人才培养过程中协同互补，从信息传播的源头开始，通过优化教学信息源、通道，全过程切实提升传输功能。

4. 校企协同实施智能质量管理，体现执行功能

ADDIE模型教学管理系统运行的过程也是校企双方以人才培养标准为依据，全过程协同人才培养的过程。教学管理系统规范运行除完善人才培养质量标准、建立健全全员参与教学质量保障的机制外，还要按照教学质量信息的情境性要求，不断利用新一代信息技术优化教学管理系统，校企协同实施智能质量管理。智能质量管理包含质量设计、检测、监控、预测和追溯活动。① 利用新一代信息技术，实现人才培养标准开发及其使用管理的一体化、现代化，规范化人才培养质量过程性数据的集成、分析和展示。

（四）依据ADDIE模型的系统性及其逻辑性，构建"一核心两赋能"的"三位一体"高层次学徒制教学质量管理体系

ADDIE模型并非单纯的质量保障模型，从内部构成上看，质量提升系统处于组织功能系统和教学设计系统的最外层，过程性质量提升有赖于教学设计系统的规范高效运行和中间组织功能系统辅助作用的正常发挥。② 按照ADDIE模型的构成及三个系统之间的相互作用的关系，能够系统构建高层次学徒制教学质量管理体系。

1. 按照教学设计系统的内容完善课程开发与教学管理制度

课程教学是高层次学徒制人才培养质量的核心要素，以教学质量保障为核心系统构建高层次学徒制教学质量管理体系，一方面，按照教学设计系统的五个阶段，从流程上规范化校企协同课程开发与教学活动。教学设计系统

---

① 刘虎沉，王鹤鸣，施华. 智能质量管理：理论模型、关键技术与研究展望[J]. 中国管理科学，2024，32（3）：287-298.
② 陈沛. 管理培训的实践与探索[M]. 北京：中国铁道出版社，2021：71-72.

包含分析、设计、开发、实施和评估相互作用、影响的五要素[①],是最知名的教学系统设计(Instructional System Design,ISD)模型,被看作其他ISD模型的框架[②],ADDIE模型可以演化为SAM、ISD(Instructional System Design)课程开发模型。ADDIE模型及多种变式规定了双育人主体课程开发与教学设计的流程,同时也给予课程开发和教学一定的自主性。另一方面,教学设计系统中的各个阶段之间具有逻辑一致性,客观要求校企等多元利益相关者以质量保障标准为依据规范化教学质量管理。教学评具有内在一致性,并反映在教学设计系统的五个阶段中,体现教学设计系统五个阶段内在逻辑的一致性,校企双方系统化人才培养质量标准体系建设,针对高校培养现场工程师的特殊性,依据国家对高等教育教学质量标准和中国特色学徒制质量标准的规定,共同制订专业能力标准、人才培养方案、课程标准、岗位标准、企业师傅标准和学业质量评价标准等人才培养质量标准,完善人才培养质量标准体系,指导规范多元利益相关者基于人才培养质量标准,按照五个阶段规范教学设计系统建设,保持各个阶段的逻辑一致性。

2. 按照组织功能系统的四个功能及其与其他两个系统的关系,从质量领导、质量资源投入与利用、质量保障技术及运行机制上,系统推动教学质量管理数智化

一是体现管理功能,基于契约健全校企协同质量领导体制与机制。质量内部治理机构履行质量领导职责,按照《职业学校校企合作促进办法》等制度规定,通过学校、企业和学生三方协议和校企合作协议,明确企业在员工招聘、课程教学和绩效评价等一系列人力资源开发工作中的职责及质量管理

[①] 程豪.我国中小学综合实践活动课程开发模式研究:基于ADDIE课程教学模型[J].当代教育与文化,2018,10(2):56-62.

[②] 贺红星.e-Learning实践对教学设计理论的诉求及其对策[J].电化教育研究,2012,33(9):13-17+26.

的程序，以契约为手段，校企高层领导建立健全信任机制、协商机制和规范机制，加强人才培养过程中的互动，切实履行质量保障职责。二是健全教学资源投入与高效利用机制。现代学徒制人才培养的优越性在于通过工学交替教学组织形式促进知行合一，为确保工学交替教学组织方式规范有序实施，校企双方建立健全实习实训基地共建共管制度，包括提供充足的实习岗位及资源、实习实训资源有效利用的监督反馈机制等。三是不断优化教学信息传输机制。智能质量管理活动中的质量检测、监控和追溯等活动，与教学管理系统的设计与使用息息相关，提高智能质量管理效能，教学信息传输机制的完善十分关键。按照教学传输功能的要求，既要系统化搭建教学管理系统，又要完善双导师制度，包括建立双导师遴选、互动交流、指导、绩效管理制度，激励约束双导师在人才培养过程中互动沟通协作。四是提高智能质量管理的现代性和系统性。智能质量管理是4.0质量管理理念的产物，校企双方转变传统的质量管理理念，实施智能质量管理，一方面，体现质量保障活动系统性。按照智能质量管理内容规范实施质量管理。另一方面，体现质量保障管理的规范性。从质量设计环节看，校企协同完善人才培养质量标准体系，进而以标准为依据，从主体、内容、技术手段方面规范入徒、过程性学习、出徒环节的质量监控与评估、科学分析活动。

3. 按照质量提升系统的目的与途径，进一步整体完善教学质量管理体系

ADDIE模型中的质量提升系统是整个模型的导航仪，引导培训项目始终以个人和组织质量提升为目标，通过教学设计系统自身的完善和组织功能系统的辅助作用实现质量的持续提升。[①] 按照质量提升系统的两个途径进一步完善教学质量管理体系，一是优化科学的分析和评估工具。科学的分析和

---

① 刘迫，刘佳. 基于ADDIE模型的系统培训模式研究［J］. 中国人力资源开发，2012（9）：47-50+78.

评估贯穿质量保障的五大流程，利用新一代信息技术，优化科学的分析和评估，全过程优化教学设计与绩效技术，有条不紊地建立健全教学管理系统，并通过不同形式的评估监督检查其运行，避免质量保障手段、方法、平台滞后，投入大量人力、物力制约质量保障。不断优化科学分析和评估工具，确保根据数据做出设计和开发决策。[①] 二是基于质量提升系统与组织功能系统相互作用的关系，发挥质量领导的作用，强化组织文化建设。组织建设包括组织环境文化、项目管理、薪酬福利、工作环境等内容，文化建设是组织建设的内容之一，推动学校和企业形成自觉质量管理文化，组织建设非常重要。校企双方切实履行质量领导职责，在组织建设过程中，从战略管理高度明确质量保障目的及标准，建立健全相关质量管理部门，选拔专业的人员从事质量管理，以便实现全员、全过程质量管理。按照 ADDIE 模型规定加强组织文化建设，质量领导应在设计阶段，根据需要设计人才培养信息管理系统，推动评价管理数智化，在开发阶段安装该系统，并在实施阶段投入使用，及时反馈人才培养信息。[②]

五、完善高层次学徒制内部质量保障的举措

智能化时代，校企基于 ADDIE 模型完善高层次学徒制教学质量管理体系，分别从三个系统强化教学质量管理。一方面，要构建以教学设计系统为核心的"三位一体"校企协同教学任务管理体系运行的体制和机制。另一方面，利用大数据技术和人工智能生成技术等新一代信息技术，优化科学的分

---

① Allen C W .Overview and Evolution of the ADDIE Training System[J]. *Advances in Developing Human Resources*, 2006,8(4):430-441.

② Allen C W .Overview and Evolution of the ADDIE Training System[J]. *Advances in Developing Human Resources*, 2006,8(4):430-441.

析和评估工具，为持续改进质量、深化校企合作创造条件。

（一）建立校企共享共担质量保障的领导体制和协同治理的机制

系统、规范化高层次学徒制内部质量保障，确保高素质技术技能人才供给，质量保障具有战略意义。按照ADDIE模型构建高层次学徒制教学质量管理体系，在专业设置初期，从战略角度建立健全高层次学徒制质量保障，首先要按照ADDIE模型组织系统功能要求建立健全校企协同育人的组织机制。

1. 完善校企双主体协同质量管理体制

学校以专业为基本单位培养人才，设置专业人才培养质量保障管理组织机构，履行组织功能系统的质量管理功能。一方面，按照学校管理体制要求建立校企双主体质量保障组织机构，完善校、院（系）二级质量保障体制。高层次学徒制专业隶属于学校二级学院，按照大学治理中校、院（系）之间的组织关系、权力关系和层级关系，学校应建立健全由行业企业人员参与的高层次学徒制校、院（系）两级质量保障体制。因学校内部治理组织机构不同，质量保障管理体制也有差异，如图10-4所示，卓越工程师培养质量保障的组织结构，设立实践教学督导委员会等组织。学校和合作企业应在校、院（系）两级质量保障监控与评估部门、督导部门领导下，遴选业务水平高、责任感强的质量保障管理人员，联合行业部门或行业协（学）会，对质量保障制度与质量评价体系、培养方案及实施过程进行指导，建立健全第三方评估制度，并发挥督导人员的督教、督学、督管和督改工作，依据人才培养标准明确质量保障目标、标准、流程，规范化实施质量保障。为确保学校和企业在联合招生、合作资源建设和"双师"结构团队建设等人才培养工作中切实履行组织、监督、检查和评估等质量保障职责，另一方面，还要健全校企共管共担质量保障制度。一是从"高等性"要求角度完善学位制度。按照学位授予规定，设立学位评定委员会等组织，规范化学位授予，《中华人民共和国学位法》（2024年4月26日第十四届全国人民代表大会常务委员会第九次会议通过）第二章、第六章对学位工作体制、学位质量保障做出明确规定。《关于做好本科层次职业学校学士学位授权与授予工作的意见》明确提出，本科层次职业教育学士学位授予单位应建立学士学位管理和质量保障的相关规章制度。[①] 二是从人才培养质量保障的双主体性角度完善人才培养质量保障的制度。按照教育内外部相互影响的规律，学校以国家、地方中国特色学徒制质量保障制度为依据，自主建立健全学校内部质量保障制度，包括学生招生选录要求、学习成果评价制度、实习实训建设与管理制度、双导师制度、学业质量评价要求等，通过制度建设规范化学校内部质量保障。

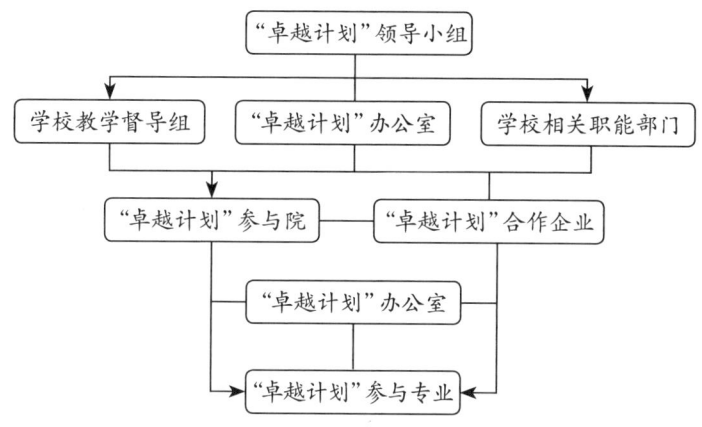

图10-4 卓越工程师培养质量保障的组织结构

---

① 国务院学位委员会办公室.关于做好本科层次职业学校学士学位授权与授予工作的意见［EB/OL］.（2021-11-18）［2023-11-18］. http://www.moe.gov.cn/srcsite/A22/yjss_xwgl/moe_818/202112/t20211203_584502.html.

2. 建立健全多元主体协同的全过程质量保障机制

完善校企双主体管理体制，落脚点是促进政府、学校和企业等多元利益主体在质量保障中共管共担，为此，必须基于组织功能系统的功能建立健全多元主体协同的全过程质量保障机制。一是校企基于质量需求完善质量保障标准制度，标准化质量保障行为。质量保障标准是质量保障制度的基础和依据，质量保障标准制度包括学徒制培训机构注册标准、第三方终点评估标准、学徒准入标准、师资准入标准等。[①] 反映校企等多元主体质量需求，提高标准的权威性、适用性，质量领导部门按照"目标—标准—实施—监控—评价—改建"的运行机制完善质量标准，建立多元主体协同质量标准编制机制及监督、评估机制，按照教学设计系统的五个阶段要求，客观确定质量目标，从编制和实施流程上规范质量标准建设。二是吸引行业协会以及第三方评价机构参与质量保障，切实提高质量保障的公正性、权威性。高等教育质量保障的主体主要包括政府、企业、学校和学生，与之不同，高层次学徒制还需要行业协会、第三方评价机构参与。《中华人民共和国职业教育法》及相关政策明确了行业协会参与技术技能人才培养标准建设的职责，学校应积极与行业协会联系，参与并认定学校自主编制的人才培养质量标准，此外，还应完善第三方评价机制。西方国家高层次学徒制质量保障尤其注重第三方评价机构参与。如英国成立了高层次学徒制质量联盟，包括研究所、教育和技能资助局、资格和考试条例办公室、高等教育质量保证机构和学生办公室等，对学徒前、学徒期间和学徒后就业工作、实践等方面进行监督。[②] 美国由美国教育理事会（American Council on Education，ACE）、

[①] 马良军，刘淑静，段晗晗，等. 国际高层次现代学徒制发展探析：基于英国、德国与美国的比较[J]. 职业技术教育，2022，43（1）：66-73.

[②] IfATE.The Quality Strategy [EB/OL]. (2021-10-09) [2024-04-11]. https://www.instituteforapprenticeships.org/quality/the-quality-strategy/.

国家大学学分服务中心以及部分高等教育中心等组成第三方评估组织，确保学徒制结业证书的大学学分分值，且所有联盟成员院校均须由美国教育部认可的地区学分认证机构进行认证。[①] 第三方评价机构主要负责对学生学习期间和结业就业等方面进行监督。建立健全多元利益主体参与的质量保障机制，能够真正保证监督、检查、评估、认证等质量保障活动的客观性和公正性。

（二）"规范+特色"推动高层次学徒制课程开发与教学活动

ADDIE 模型中的教学系统设计包含课程开发与教学活动，该模型既是教学设计模型，也是课程开发模型，按照 ADDIE 模型规范化课程开发和教学实施，既要体现人才培养的规范性，也要体现高层次学徒制课程教学的独特性。

1. 以课程教学为主渠道促进"三性"有机融合

数智化时代，产业转型升级以及技术变革的速度不断加快，对高技能人才的技术知识及高熟练技能的要求越来越高，为了培养高技能人才，促进其高质量充分就业，学校和企业除了在人才培养目标定位中明确技术知识及相关能力、素养要求外，还要以课程教学为主渠道，培养学生在真实工作场景中解决实际问题的能力。高层次学徒制课程强调学术性、职业性和技术性有机融合[②]，体现高层次学徒制课程特征，一是要提高行业企业参与度。按照教学设计系统的五个阶段及其实施的规范要求，规范化校企协同课程开发与教学实施的流程，保证企业全过程参与课程开发与实施。二是要在职业分析环节，体现"三性"有机融合。在职业分析环节，根据需求灵活采用任务分析法、反向课程设计方法等课程开发方法与新一代信息技术，有机融合职业能

[①] Apprenticeship.Guides and fact sheets［EB/OL］.（2021-02-02）［2024-04-11］. https://www.apprenticeship.gov/sites/default/files/RACC_fact_sheet.pdf.
[②] 李勇江，李志义.高层次学徒制人才培养模式的构成要素、基本特征与实践路径——基于扎根理论的质性研究［J］.现代教育管理，2023（12）：100-107.

力分析和工作任务分析，构建课程体系，形成人才培养方案、课程标准等人才培养质量标准。三是以标准为依据促进课程教学中"三性"有机融合。人才培养与企业需要的匹配，要求专业课程内容与职业标准对接，教学过程与生产过程对接，学历证书与职业资格证书对接。① 学校和企业以人才培养方案、课程标准为依据，明确实训教学条件建设标准、毕业设计与论文标准、出徒标准等人才培养质量标准，以标准为依据进一步促进学习方式与工作方式对接，课程实施中学术性、职业性和技术性才能真正有机融合。

2. 按照教学设计系统规定规范化工学交替教学组织形式

教学设计系统包含了教学设计的流程，按照教学设计系统模型要求规范化教学设计，有助于提高教学实施活动的科学性和规范性，同时，补充企业工作场所师带徒教学系统性、规范性不足的短板。高层次学徒制工学交替教学组织方式决定教学设计环节要明确工学交替的时间和相关学时、学分要求以及"双导师"企业工作场所合作指导等内容。为确保企业师傅在学生边工作边学习过程中传授实践性知识，规范企业工作场所学习活动设计的同时，还要按照质量保障的绩效管理要求，基于工作绩效要求分析合理确定师徒工作任务及其绩效，促进工作场所学习知能并进、知行合一。

（三）以专业能力标准的数字化优化高层次学徒制质量保障

质量标准是我国高层次学徒制内部质量保障的基础和依据，强化内部质量保障，质量标准建设必须先行。

1. 何谓职业教育专业能力标准

职业教育专业能力标准是职业院校依据职业标准、国家专业教学标准等

---

① 教育部．职业教育"五个对接"［EB/OL］．（2012-09-03）［2024-02-11］．http://www.moe.gov.cn/jyb_xwfb/moe_2082/s6236/s6811/201209/t20120903_141507.html．

职业教育标准开发的特定专业的技术技能人才培养质量标准。职业教育领域常用"能力"描述人才培养质量标准，能力概念内涵和外延不清，会导致人才培养目标定位含糊，课程教学实施和测量、评价等质量保证难以操作，厘清概念内涵是制定与使用专业能力标准的前提。职业教育中的"能力"强调学习成果，"能力是一组或一系列学生在学习后应该知道的知识和技能，以及对如何评估这些知识和技能的界定和表述"[①]。全面发展的职业教育能力观认为"能力"并非只包含知识和技能，还包含态度等素质或素养要求，体现职业活动的要求，"劳动者知识、技能和态度等素质要素的整合，与一定的职业活动或工作情境相联系"[②]。由能力内涵可知，专业能力标准对建立健全职业教育人才培养质量标准，增强人才培养适应性具有重要的指导作用。职业能力标准"是衡量从业者（包括正在接受教育与培训的准从业者）胜任特定职业的基本尺度和规范，反映特定时期职业教育人才培养的质量规格"[③]。职业教育专业能力标准是职业院校对学习者完成学业后从事该专业面向的职业工作的综合职业能力要求，是若干个职业能力标准的总和，应该体现标准的基本含义，"既是评鉴的准则，也是工作的导引"[④]。从工作标准和评价标准两方面明确职业教育专业能力标准要求，应包含学习者完成学业后所获得的一系列学习成果及达成度要求。

2. 利用新一代信息技术手段优化专业能力标准开发的优越性与可能性

现行职业教育专业能力标准主要有能力框架、能力谱系和能力图谱三种

---

① 李青，闫宇. 实现能力和课程标准数据互换 推进能力本位教育——《IMS能力和课程标准互换规范》分析与解读［J］. 中国远程教育，2020（9）：29-38.
② 杨金土. 对高等技术教育课程设计的若干理论认识［J］. 中国高等教育，2002（21）：14-17.
③ 肖凤翔，付小倩. 职业能力标准演进的技术实践逻辑［J］. 西南大学学报（社会科学版），2018（6）：45-50+189-190.
④ 宁虹. 教师能力标准理论模型［J］. 教育研究，2010（11）：77-82+94.

表现形式，每种表现形式的结构不同，功能不同。能力图谱比能力框架、能力谱系的功能优越，"包含了学习者完成学业后应获得的一系列能力学习成果及达成度要求"[①]，是指利用新一代信息技术和职业分析方法表现与分析职业教育专业能力标准的一种工具。以图谱方式表现职业教育专业能力标准，其优越性体现在：

一是客观性优于现行专业能力标准。能力图谱既能够像能力框架、能力谱系那样静态表现专业能力标准，还能够动态、清晰且结构化表现专业能力标准。如图10-5所示，某高职院校铁道机车运用与维护专业的能力图谱截图，该能力图谱中的能力谱系由五级能力节点构成，即"专业（群）—职业（工种）—能力—能力单元—技能点、知识点及素养"。开发能力图谱，展示不是最终目的，而是通过可视化分析，对同一专业（群）或若干个专业（群）的专业能力标准内容进行横向比较，如专业职业面向及能力要求、能力达成度要求等，进而准确了解专业群内部不同专业的专业能力标准、职业能力标准之间的相关性和差异性，以及一个专业大类中若干个专业（群）的专业能力标准内容之间的相关性和差异性。通过与专业目录、专业教学标准等上位标准的对比分析，客观检验专业能力标准的吻合度与针对性。

二是实施效力优于现行专业能力标准。利用能力图谱开发专业能力标准能否实现其预期的功能目标，关键在于有效执行。专业能力标准是校企等多元利益主体合作制定的职业院校校本标准，依据应用场景搭建原理和专业能力标准的制定及使用的一体化管理理念建设能力图谱管理平台，基于专业能力标准中的工作标准和评价标准搭建应用场景，能动作用于标准的实施路径，能力图谱及应用场景的搭建有效避免现行职业教育专业能力标准开发后流于形式，以及能力评价与认定的标准不一致问题的发生。

[①] 李青，闫宇.实现能力和课程标准数据互换 推进能力本位教育——《IMS能力和课程标准互换规范》分析与解读［J］.中国远程教育，2020（9）：29-38.

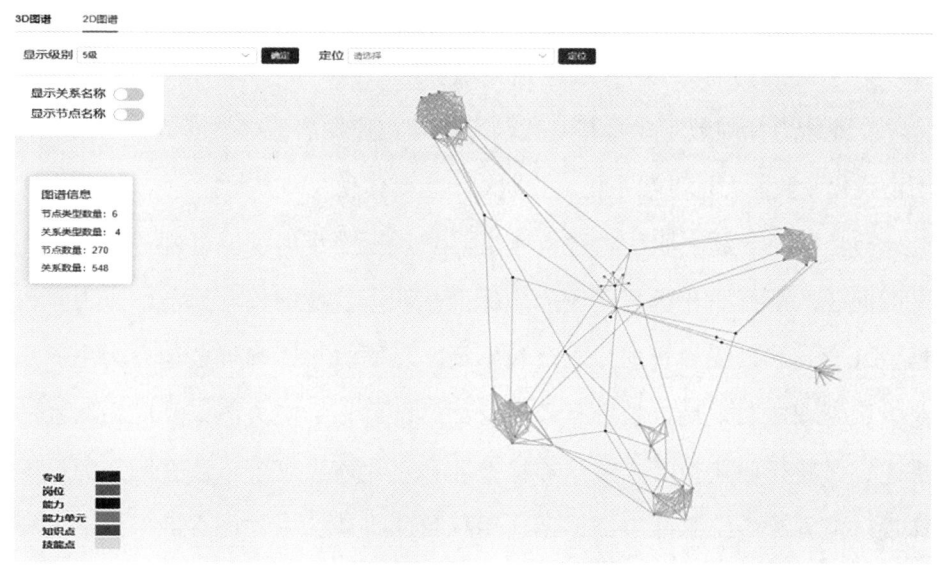

图10-5　某高职院校铁道机车运用与维护专业的能力图谱截图

随着新一代信息技术的快速发展，我国教育实践中已经开始以地方政府或学校为主体开发职业教育能力图谱管理平台，搭载能力图谱及应用场景的实践探索。借助图谱技术优化专业能力标准，关键是科学合理构建能力谱系，指导培养单位规范专业能力标准信息输入，然后利用 Neo4j 图形数据库能够逐级展示图谱。当用户使用图谱展示功能时，可根据能力谱系中的数据关系逐级展开，支持显示级别、节点定位、节点搜索、资源展示、显示节点关系、显示节点名称、图谱旋转等功能。高等教育专业人才培养质量标准之间相互关联，专业能力标准是制定课程教学与评价等人才培养质量标准的主要依据，随着人工智能生成技术的快速发展，依据高层次学徒制人才培养质量标准开发的规范要求及所用的技术方法形成能力图谱开发方法论，据此使用 AIGC 技术自动生成职业教育能力图谱，职业教育专业能力标准开发智能化、适应性强，提高了以此为据开发课程标准、学业质量评价、实习标准等质量标准的效率和质量。

3.专业能力标准数字化的预期效果

专业能力标准数字化是新一代信息技术快速发展的必然趋势,利用能力图谱优化专业能力标准数字化,预期效果主要体现在四方面。

一是有助于解决职业教育人才培养质量标准难以统筹管理、规范性不足的问题。现行职业教育专业能力标准是职业院校的校本标准,多为学校自主开发,难以统筹管理,规范性不足。新职教法明确规定地方为主的职业教育管理体制,地方教育行政主管部门统筹推动能力图谱及应用场景的搭建,是履行职业教育人才培养标准和数字化建设管理、监督职能的重要体现。地方政府统筹能力图谱及应用场景的搭建,一方面有助于发挥主导作用,解决职业教育人才培养质量标准难以统筹规范管理、有效实施的问题。能力图谱管理平台是能力图谱及应用场景搭建的前提和基础,其开发与有效运行需要一定的人力、技术、财力资源支持,政府发挥领导作用,能够组织职业教育课程与评价领域的专家和信息技术、职业院校、行业企业等领域的专家,协同科学合理设计能力图谱管理平台,从源头上统筹规范专业能力标准的开发与使用,引导职业院校完善"数据层"和应用场景的信息输入,提高能力图谱及应用场景搭建的科学性、合理性。通过过程性管理和专家的伴随性指导,确保能力图谱管理平台良性运行,有效落实专业教学标准,基于标准的内在联系,以职业标准、专业目标、专业教学标准、专业能力标准为依据,指导推动学校完善校本标准。另一方面有助于发挥监督职能,解决专业能力标准开发与使用的评价不完善问题。能力图谱具有图谱分析技术,能够对专业能力标准的规范性进行自检。政府履行监督职能,建立地方标准实施信息反馈机制,运用图谱分析技术检视能力图谱与应用场景搭建的规范性、实效性,进一步指导规范专业能力标准的开发与使用,促进其良性运行。

二是有助于解决行业企业参与不足、客观性不足的问题。专业能力标准既要规范，更要客观，如果行业企业参与不足，就会影响专业能力标准的权威性及实施效果。新职教法明确行业参与指导制定职业教育标准、质量评价，按照法律规定，行业履行职业教育指导职责，一方面，能够促进学校和企业基于国家标准和行业标准制定专业能力标准，有效落实专业教学标准、行业标准。行业协会是企业自治的社会团体，行业协会、商会与企业等代表组建行业指导委员会，制定专业建设标准，指导规范学校和企业基于自身对技术技能人才培养的诉求，从职业分析环节入手，规范合理确定专业职业面向、能力确定、谱系梳理、专业能力标准描述，保证专业能力标准开发的客观性。另一方面，有助于健全职业教育内外部质量保障机制。能力图谱及应用场景搭建内在规定形成闭合回路式质量保障机制，行业企业参与专业能力标准的制定，体现标准的对外输出机制、课程认证机制、学习成果认证、积累和转换机制、专业认证或专业建设评估机制的话语权。同时，标准的输出和课程认证、课程推广带来经济性价值，促进利益共赢，更有利于形成产教、校企命运共同体，深化人才培养领域的合作。

三是有助于解决职业教育专业建设适应性不强的问题。职业教育专业能力标准开发所用的主要技术方法是职业分析方法，每种职业分析方法都优势与劣势并存，运用新一代信息技术辅助职业分析，解决人才培养目标定位不准确、专业建设与需求对接不紧密问题。职业分析中包含职业需求分析和人才培养规格分析，直接影响专业人才培养目标定位和专业能力标准开发的适应性。政府发挥主导作用，协同多方力量，统筹规范推动能力图谱管理平台建设，为提高专业能力标准的适应性，运用图谱技术分析地方职业院校专业设置及专业的职业面向情况，基于国家战略需求和地方经济社会发展需求指导调整职业院校专业设置及人才培养目标定位，从源头上提高专业能力标准的适应性，精准人才培养目标定位。引导专业以需求为导向、以标准为依据系统化专业建设质量评估机制，切实提高专业建设质量。

四是有助于解决数字时代技术技能人才培养滞后于高等教育现代化的问题。教师是专业人才培养的关键力量,专业能力标准开发与使用,教师是主体,学生是受益者。能力图谱及应用场景的搭建,解决高等教育教学与评价滞后于教师和学生的现代化需求问题。能力图谱指导形成多样化职业教育课程模式,课程模式的运行要求组建跨学科教师团队,协同完成教学任务,能力图谱及应用场景的搭建促进教师工作方式由个体单独行动走向团队合作,解决校企双导师协同育人不紧密问题。能力图谱及应用场景的搭建除积极作用于教师协同育人外,还能够为学校人才培养带来革命性变化。能力图谱及应用场景的搭建包含课程资源和学业质量评价的应用场景,学校按照图谱对课程教学资源建设的规范性和目的性要求自主充实课程资源,满足学习者泛在学习的需要,打破传统教学在时空上的限制。同时,基于能力单元设置学业质量评价的应用场景,开发能力图谱学习过程管理系统,开放图谱及相关资源,记录学生学习过程,实现客观公平的过程性评价和结果性评价。汇总分析图谱学习数据、专业人才培养能力达成情况及达成度数据,有效对接行业企业岗位需求。能力图谱应用场景的搭建为优化课程内容、改进教学、促进学习者自主泛在学习、规范就业与书证融通等工作提供有效支撑。

六、基于 ADDIE 模型完善高层次学徒制质量保障的优越性

依托卓越工程师教育培养计划、现场工程师专项培养计划及现代学徒制试点实践,我国逐步深化中国特色学徒制质量保障探索,已经形成了 PDCA 循环质量保障建设的经验,如构建了质量保障框架模型(详见图 10-6)[1],宁

---

[1] 林晓艳,陈群,王东星.立体化卓越工程人才培养质量保障模式构建[J].黑龙江高教研究,2014(10):143-146.

波工程学院形成了卓越现场工程师的 PDCA 循环质量保障系统，等等。基于 PDCA 循环流程化现代学徒制质量管理，其中计划阶段包含了分析现状与识别质量管理问题，研究阶段包含了评估质量改进计划的实施结果，但对需求分析的规定缺乏针对性，故而有学者提出 IPTSA 循环的卓越工程师质量保障模型。[1] 除上述弊端之外，PDCA 循环还存在将"计划"固化，无视外界环境变化的弊端。基于 ADDIE 模型完善高层次学徒制质量保障弥补了 PDCA 循环的不足，体现了高等教育质量保障发展客观趋势。

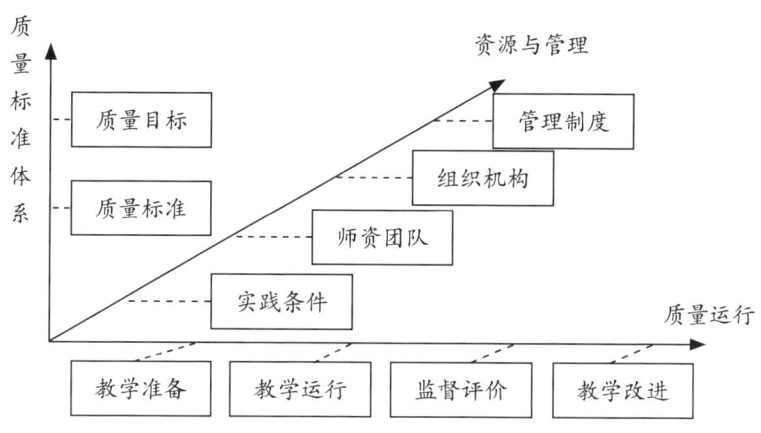

图10-6 卓越工程人才培养质量保障框架模型

（一）质量保障更为关注多元利益相关方的参与

高层次学徒制质量保障包含绩效管理，与普通的以高等教育质量提升为中心的质量保障不同，基于 ADDIE 模型的高层次质量保障更为注重多元

---

[1] 林健.卓越工程师培养的质量保障（上）[J].高等工程教育研究，2013（2）：23-39.

利益相关方的参与。一是由高校内部的学术标准转向多元利益相关者认可的质量标准。PDCA 是一种循环管理方法,规定了质量管理工作的一般性活动的四个阶段、八个步骤,戴明(W. Edwards Deming)在《走出危机》(*Out of the Crisis*)一书中对 PDCA 体现的"社会模式"的主要特征进行论述,如为(改进)提高产品和服务而制定,取消(工作标准)定量,等。高层次学徒制的质量标准除包含人才培养规格、授予资格和学分等学术标准外,还包含资格标准及工作业绩标准。基于 PDCA 模型的高层次学徒制质量保障,必然忽视校内导师尤其是企业师傅的工作绩效和带徒绩效以及学生边工作边学习的营业绩效标准。基于 ADDIE 模型完善高层次学徒制质量保障,为促进分析环节和评估环节中的绩效分析与评估的一致性,必须从标准的系统性角度考虑,健全工作绩效标准,反映高层次学徒制的整体目标,而不限于高等教育的整体目标。二是更为强调学校之外的利益相关者的参与。高等教育质量的核心词包括功能和活动、需求和目标、利益相关者。治理的核心词有过程和行为、规则和制度、利益相关者。[1]与普通高等教育质量保障不同,高层次学徒制质量保障尤其强调校外的利益相关者积极参与。PDCA 是一种循环管理方法,规定了质量管理工作的一般性活动的四个阶段、八个步骤,戴明认为 PDCA 所体现的"社会模式"的主要特征还包括打破部门之间的障碍、消除员工引以为豪和高兴的障碍等[2],这些质量管理要点只是强调质量治理中的协同,但指导性和可操作性不足。ADDIE 模型包含了绩效目标的分析和绩效技术,反映企业等利益主体的质量需求,调动了企业参与质量保障的积极性,规范了教学过程运行与管理尤其是岗位实习管理及绩效管理。

---

[1] 李明磊,王战军. 高等教育质量治理:从基本概念到体系组成[J]. 天津大学学报(社会科学版),2013,15(2):173-177.

[2] 赵中建. 戴明的质量管理思想及其在教育中的应用[J]. 外国教育资料,1998,27(1):33-39.

（二）质量治理的内容与思维方式的系统性与逻辑性增强

PDCA 与 ADDIE 模型体现了全面质量管理事前、事中、事后全链条管理过程，两个模型都规定了高层次学徒制质量保障过程，相比于 PDCA 模型，ADDIE 模型更为优越，体现在两方面。一是质量保障的逻辑性强。PDCA 模型围绕质量管理的过程实施质量管理活动，体现了从质量计划的制订到过程性质量控制再到结果的评估这一线性思维方式，ADDIE 模型则不然。基于 ADDIE 模型设计的"一核心两赋能"教学质量管理体系是网状的质量思维方式，不仅规定了质量保障工作内容，而且体现了管理工作、质量保障工作及其对教学工作的紧密联系，保证课程教学评价等人才培养质量关键环节的全员参与，体现了质量保障的协同性思维。二是质量保障的系统性强。PDCA 侧重规定质量治理的流程，基于 PDCA 模型构建高层次学徒制质量保障系统，侧重从质量治理计划、执行、检查、改进四方面，全流程治理、循环治理保障质量。基于 ADDIE 模型构建的教学质量管理体系，除规范质量保障过程外，还系统化质量保障内容。基于教学、管理和质量保障三个路径系统完善质量保障内容，主要包括内部质量治理的理念、质量领导体制及机制、质量目标及标准的确立、课程开发与教学设计的流程、教学资源的支撑及其投入绩效、教学管理系统的构建及其运行、质量评估手段的优化、双导师制度建设、组织文化建设，等等。

第十一章
高层次学徒制专业与普通应用型本科专业人才培养方案比较分析

高层次学徒制实施单位主要包括本科层次职业学校、应用型本科高校等高等教育机构，学校在制订高层次学徒制专业人才培养方案时，遵循高等教育的逻辑处理人才培养系列问题，同时兼顾中国特色学徒制人才培养的特殊性，重设人才培养目标、重构课程体系、优化教学资源等，推进实践教学和全过程多元评价改革。高层次学徒制人才培养方案还在探索中，以应用型本科专业为例，通过实施高层次学徒制人才培养方案的前后变化，体现高层次学徒制人才培养方案的特点。

一、高层次学徒制专业培养目标的职业面向更加注重服务岗位群

高层次学徒制专业的人才培养目标定位为能够胜任具体岗位（群）工作

的高素质创新型复合型技术人才（详见表 11-1）。

表 11-1　高层次学徒制专业与普通本科教育专业人才培养目标（部分）对比

专业＼项目	高层次学徒制专业培养目标	普通本科专业培养目标
大数据工程技术	面向互联网和相关服务、软件和信息技术服务业、计算机、通信和其他电子设备制造业等行业、政府机关及其他各类企事业单位的信息化部门，培养能够承担行业大数据开发、大数据分析与挖掘等工作的具有社会责任感、创新精神、国际视野和较强实践能力的高层次技术技能人才……	面向政府部门、企事业单位、科研院所、银行、证券、保险、医院以及信息咨询公司等单位，培养能在健康医疗、电子商务、网络安全等大数据相关领域（行业）从事大数据采集、处理、分析、开发、服务等工作的，具有社会责任感、创新精神、国际视野和较强实践能力的高素质、应用型高级专门人才……
智能制造技术	适应辽宁优势特色产业发展对智能制造工程高素质技术技能人才的需求，面向智能制造企业及其他各类企事业单位的智能制造部门，培养从事机器人工程师、数控编程工程师以及数字化工程师工作的高层次技术技能人才……	适应智能制造业发展需要，能在企事业单位从事智能制造工艺编制、智能制造与智能车间管控等工作，胜任智能制造工程师等的"懂专业、技能强、能合作、善做事"的具有一定创新精神的高素质应用型人才……
飞行器维修技术	面向航空维修企业及其他各类企事业单位的技术和管理部门，培养航空装备调试与实验师、航空器产品检验师、航空器维修和地面保障人员等从事飞机维护、飞机部件和发动机修理、无损检测、监控及故障诊断等工作的应用高层次技术技能人才……	面向航空、航天等制造领域，培养能在航空航天类企事业单位，主要从事现代飞机先进制造与装配、模具设计与制造、数字化装备制造、飞机维修等领域的，研究、生产和管理工作的具有较强实践能力和创新意识的应用型人才和高级工程技术人才和管理人才……

二、高层次学徒制更加注重围绕职业实践具体设计培养规格

高层次学徒制专业服务于具体的工作场景，注重职业知识的掌握、职业

能力的生成和职业素养的培育。突出对知识和技能的应用，以必须、够用为底线，也要求学生具备一定的持续学习和研究的能力（详见表11-2）。

表11-2 高层次学徒制专业与普通本科专业服务面向与培养规格（部分）对比

专业 \ 项目	高层次学徒制专业服务面向与培养规格	普通本科专业服务面向与培养规格
大数据工程技术	1. 掌握大数据采集、存储与管理的基本知识及理论，掌握大数据系统架构的基本知识及理论，掌握大数据工程中设计、分析、实施等工程基础知识…… 2. 能够针对复杂大数据工程问题，设计满足特定需求和场景的解决方案；能够应用数学、自然科学和大数据科学的基础原理，对大数据工程中的问题进行研究，设计开发相应的方案，包括设计实验、采集数据、存储与管理、分析与解释数据、展示数据，并给出合理的结论…… 3. 具有良好的职业道德与职业操守，能够保守商业机密；具有较强的质量意识和安全意识；具有大局观，能够理解企业战略和适应企业文化；具有一定的工程意识和效益意识……	1. 掌握离散结构、计算机组成原理、操作系统、计算机网络等计算机基础知识，掌握程序设计、算法与数据结构、数据库原理等软件基础知识，能够综合运用上述知识解决计算机与软件方面的复杂工程问题；能够针对工程计算中的具体对象，建立计算模型并设计算法求解。掌握大数据生态系统内的组件，掌握大数据系统设计，数据平台的搭建、维护和优化，为设计复杂大数据工程问题的解决方案提供支持…… 2. 能够通过调研、分析应用领域的背景信息，给出合理有效的技术路线及开发方案。掌握数据架构设计和详细设计的方法及建模技术，能够完成大数据应用软件的架构设计和详细设计。能够研究问题的解决策略，获取并运用成熟的算法解决软件的智能化问题。能够在设计过程中考虑社会、健康、安全、法律以及文化等制约因素，说明其合理性……
智能制造技术	1. 熟悉与本专业相关的法律法规以及环境保护，安全消防、文明生产等知识；熟悉机械制图，掌握电气制图的基础知识；掌握工业机器人程序设计及操作相关知识，掌握数控机床编程与调试相关知识，掌握数字化工厂运行管控等相关知识……	1. 能够将数学、自然科学、智能制造工程基础和专业知识，较熟练地用于解决智能制造工程相关产品与装备的设计、生产制造、运行过程等工程问题；能够应用数学、自然科学和智能制造工程的基本原理，识别、表达并通过文献研究分析智能制造工程相关的复杂工程问题；能够针对智能制造领域工程问题设计解决方案，满足特定需求的智能产品设计、智能制造、

续表

项目\专业	高层次学徒制专业服务面向与培养规格	普通本科专业服务面向与培养规格
智能制造技术	2. 具有探究学习、终身学习、分析问题和解决问题的能力，具有创新思维和初步的创业能力；具有良好的人际交往、沟通、团队协作能力，具有本专业必需的信息技术应用和维护能力，能够设计制造智能产品，能进行数控机床操作与编程，能熟练对工业机器人进行现场编程、离线编程及仿真，能进行智能生产计划管理，具备智能化工厂信息管理、应用研究和生产管理能力…… 3. 具有良好的身心素质和人文科学素养、较强的社会责任感和良好的工程职业道德，具有质量意识、环保意识、安全意识、信息素养、工匠精神、创新思维；勇于奋斗、乐观向上，具有自我管理能力、职业生涯规划的意识，有较强的集体意识和团队合作精神；具有健康的体魄、心理和健全的人格……	工艺编制；能够基于科学原理并采用科学方法对智能制造的复杂工程问题进行研究，包括设计实验、分析与解释数据，并通过信息综合得到合理有效的结论…… 2. 能够基于智能制造工程相关背景知识进行合理分析、评价专业工程实践和复杂工程问题解决方案对社会、健康、安全、法律以及文化的影响，并理解应承担的责任；能够理解和评价针对智能制造工程领域的工程实践对环境和社会可持续发展的影响；具有人文社会科学素养和社会责任感，能够在智能制造工程实践中理解并遵守工程职业道德和规范，履行责任；能够在多学科背景下的团队中承担个体、团队成员以及负责人的角色；能够就智能制造领域复杂工程问题与业界同行及社会公众进行有效沟通和交流，包括撰写报告和设计文稿、陈述发言、清晰表达或回应指令，并具备一定的国际视野，能够在跨文化背景下进行沟通和交流……
飞行器维修技术	1. 掌握本专业主要机型各主要系统的结构性能、工作原理、使用维护和调整方法，具有"航空器维修人员执照"一种机型执照范围的专业知识；了解民用航空机务维护理论和新的维护思想，具有本专业新技术、新设备及航空发展方向方面的知识；掌握航空法律法规体系，熟练掌握和正确理解航空维修相关规章的主要要求，了解航空维修体系的一般运行规则……	1. 能够将数学、自然科学、航空与机械工程基础和专业知识用于解决飞行器制造领域复杂工程问题；能够应用数学、自然科学和工程科学的基本原理，识别、表达并通过文献研究分析飞行器制造领域的复杂工程问题并获得有效结论；能够设计针对飞行器制造领域工装、工艺及装配等复杂工程问题的解决方案，设计满足特定需求的制造系统、工装和维修系统；能够基于专业理论知识，采用科学方法对飞行器制造领域的工装、工艺及装配等复杂工程问题进行研究，能够根据问题设计实验，并对实验结果进行综合分析，通过信息综合得到有效结论……

续表

项目＼专业	高层次学徒制专业服务面向与培养规格	普通本科专业服务面向与培养规格
飞行器维修技术	2.具有民航、通航和军用航空常用机型的结构、系统与发动机外场维护和定检的能力；具有运用所学的专业知识，分析、诊断、隔离和排除飞机结构、系统与发动机故障的能力；具有运用所学的专业知识和专业技能对飞机主要系统和附件进行测试和调整的能力；具有运用航空设备维修技术、标准，进行设备、设施常规维护和管理的能力…… 3.崇尚宪法、遵法守纪、崇德向善、诚实守信、尊重生命、热爱劳动，履行道德准则和行为规范，具有社会责任感和社会参与意识；勇于奋斗、乐观向上，具有自我管理能力、职业生涯规划的意识，有较强的集体意识和团队合作精神……	2.能够基于工程相关背景知识进行合理分析，评价专业工程实践和复杂工程问题解决方案对社会、健康、安全、法律、伦理以及文化的影响，并理解应承担的责任；具有人文社会科学素养、社会责任感，能够在工程实践中理解并遵守工程职业道德和规范，并履行责任；能够就飞行器制造领域复杂工程问题与业界同行及社会公众进行有效沟通和交流，包括撰写报告和设计文稿、陈述发言或回应指令。并具备一定的国际视野，能够在跨文化背景下进行沟通和交流；理解并掌握工程管理与经济决策方法，并能在多学科环境中应用……

三、高层次学徒制更加注重职业分析与专业能力标准

高层次学徒制专业采用职业教育的职业分析方法，以职业（岗位）的工作过程统合职业知识、能力和素养，明确专业人才培养的具体目标。职业分析的核心是工作任务分析，即通过召开专家会议确定特定职业（岗位）的典型工作任务，并以实践为导向明确典型工作任务的工作标准（详见表11-3）。

表 11-3　高层次学徒制专业的职业分析（部分）

专业、职业	项目	典型工作任务	职业能力标准
大数据工程技术	大数据开发	参与大数据系统需求分析	1. 熟悉大数据业务流程各环节 2. 熟悉需求获取的流程 3. 掌握需求分析的流程
		参与大数据系统设计	1. 了解基于 Hadoop、Spark 生态系统的平台架构，能开发分布式应用程序 2. 掌握 Linux 操作命令，SQL 脚本的编写
		大数据系统开发	1. 能把数据从传统数据库迁移到分布式系统存储 2. 能从文件、数据库、网页、日志中采集数据，以及转换各种格式 3. 能对数据进行整合、清洗、加工并存储 4. 能根据业务需求对数据进行分层处理、数据仓库开发实施、数据资产管理、数据建模
	大数据分析与挖掘	数据预处理	掌握数据清洗和数据预处理的方法
		数据特征工程与大数据分析	1. 掌握特征工程的方法，能够利用工具筛选合适的特征 2. 理解数据挖掘任务的基本概念，能够找到合适的算法模型解决实际工程问题 3. 运用评估方法，对模型进行合理评价
		编写数据分析报告	1. 掌握数据分析报告编写方法 2. 结合业务场景撰写数据分析报告
智能制造工程	机器人工程师	工业机器人离线编程与仿真	1. 能够根据实际生产要求，合理设计工作站 2. 能够完成机器人系统设置 3. 能够合理设计工作站仿真动画效果，模拟工作过程 4. 能够完成机器人离线编程，并模拟整个生产过程 5. 具备良好的沟通能力、表达能力，具备一定的团队合作精神

续表

专业、职业 项目		典型工作任务	职业能力标准
智能制造工程	机器人工程师	工业机器人基本编程操作	1. 能够根据实际需要，合理设计机器人系统信号 2. 能够熟练操作机器人 3. 能够根据典型任务，现场编程并调试机器人程序 4. 具备良好的沟通能力、表达能力，具备一定的团队合作精神
		机器人安装与调试	1. 熟练使用安装工具 2. 能够完成机器人本体安装 3. 能够完成机器人与周边设备的联动调试 4. 具备良好的沟通能力、表达能力，具备一定的团队合作精神
	数控编程工程师	零件三维建模、二维转图及尺寸标注	1. 能够针对设计要求，进行零件三维建模 2. 能够根据国家标准、行业标准，选取合适的标准件 3. 能够完成非标准件、自制件的绘制 4. 具备二维转图及尺寸标注的能力 5. 具备良好的沟通能力、表达能力，具备一定的团队合作精神
		数控加工工艺编制	1. 根据图纸标准，编制工艺方案、工艺路线、工艺规程和与技术相关的工艺文件 2. 负责技术和工艺的技术准备、管理和控制 3. 完成工艺分析和法规的校核，完成相关法规试验和文件 4. 具备良好的沟通能力、表达能力，具备一定的团队合作精神
		典型工件数控编程加工	1. 对常见数控系统会相应操作，熟悉市场上常用的数控系统 2. 能够掌握数控机床操作方法，合理选择刀具加工 3. 具备数控机床程序设计能力 4. 具备良好的沟通能力、表达能力，具备一定的团队合作精神

续表

项目 专业、职业		典型工作任务	职业能力标准
飞行器维修技术	飞机维修工程师	飞机的零部件拆装检修	1. 能进行飞机维修的零部件拆装检修工作 2. 具备飞机部件零件的拆卸能力及部件的装配能力
		发动机件拆装检修	1. 能熟练查阅各种技术手册 2. 具备团队精神,能与人沟通 3. 具备技术总结能力,能写相关技术工作报告 4. 具备设计飞机维修工艺过程的能力,能编写飞机维修工艺过程指令(AO)
		飞机复合材料的修补和无损探伤	1. 了解复合材料的修补方法 2. 了解无损探伤的基本方法 3. 了解发动机的基本拆卸方法
	飞机机务保障工程师	飞机航前航后的基本维护	1. 能从事飞机航前航后的基本维护工作 2. 能熟读飞机部件装配图和零件图 3. 能熟读飞机维修手册,能够查阅各种维修手册 4. 了解常用航空法规,能严格遵守各项生产规则,具备航空维修人员的职业素质
		飞机航后的基本维护	1. 熟练掌握飞机结构与系统、飞行原理、飞机维修技术和飞机维护技能,掌握分析飞机故障的基本方法 2. 掌握发动机结构的基本知识 3. 具备团队精神,能与人沟通 4. 具备技术总结能力,能写相关技术工作报告

四、高层次学徒制更加注重合理的工学交替、知行合一

大数据工程技术专业与产业相融合,建立了专业校企共建机制,实施校企深度合作,双主体协同育人。充分发挥企业的工作场所与设备资源的作

用，校企共同制定课内外一体化项目实践体系及实施标准，实践项目的形式包括学生在校顶岗做项目和学生进入企业顶岗做项目，为学生营造良好的工程实践环境。学校和企业为每位学生配备学校导师和企业师傅，对接企业的高素质技术技能人才需求，形成校企双育人主体、学徒员工双重身份的联合培养一体化育人长效机制。严格执行企业项目管理制度及验收标准，由学校导师和企业师傅联合指导完成企业项目，让学生在真实项目过程中提高实战技能、职业素养。集中课内实践，按照企业正式员工的要求，由师傅帮扶徒弟学习，共同建立课内外实践的考核标准。

智能制造技术专业则按照企业生产实际，实施弹性学习时间，促进育训结合、工学交替、在岗培养，着力培养学生的专业技术技能、职业素养和职业道德。通过产教融合、协同育人，把企业研发的最新技术及时融入学校教学中去，促进企业自主研发新技术的推广，共同推动产业转型升级，利用先进技术增强学生就业竞争力。该专业结合"校中厂"实施人才培养，按照企业管理模式运作，实现"教学"和"生产"两个目标，做到"学中做，做中学"。学生从大一进校就能够在"校中厂"体验沉浸式学习，使之感受到真实的职业环境，逐步养成良好的职业行为习惯。学生在"校中厂"和企业交替培养过程中，通过项目认知、项目基础知识学习、项目专业技能学习能够逐渐独立完成项目。通过四年培养，学生毕业后能够"免培训、免过渡"直接上岗。

飞行器维修技术专业充分发挥与某航空研究院等科研院所、企业在人才培养方面的优势，实施四阶段工学交替的一体化人才培养模式。其中前两个阶段（第一至第六学期）是基础理论学习阶段，在学校完成。第三阶段（第七至第八学期）实施"一对一"企业学徒实践，由企业（研究院）、学校、学生三方共同签订人才培养协议，师傅"一对一"帮带徒弟学习，学徒时间不少于六个月。第四阶段（第八学期）由企业（研究院）制定相应考核内容和考核标准，对学徒进行综合考核，学生考核通过后，由学生和企业（研究院）进行双向选择，双方签订劳动就业协议。工学交替一体化教学组织方式使学生置身于真实的生产、维修情境中，每个职业工作岗位都确定企业师傅，由企业师傅确定人才培养指导方案、岗位要求、指导和工作内容、考核标准，并决定阶段性考核成绩。学生最大限度地参与学习、实践全过程，理论知识的学习和实践能力的提高紧密结合，学以致用，真正解决学生毕业能力与企业需求的"最后一公里"问题。

五、高层次学徒制专业课程体系更加注重大幅提高实践课程的比重

高层次学徒制专业面向产业、岗位、能力，层层递进，构建基于工作内容的专业课程和基于工作过程的模块化课程体系，包括公共基础课程、专业基础课程、专业核心课程、专业拓展课程和企业实践课程等。实践类课程开全、开足，即提升实践类课程学时比例。

如大数据工程技术专业面向优势特色产业的大数据产业，针对大数据开发工程师、大数据分析师等高端职业工作岗位，着重培养岗位核心技术技能，按照"书证融通"的思路，将技能知识点全面融入课程中。课程体系中的实践学时比例达到50.1%，而相应的普通本科专业实践学时比例仅为25.7%。智能制造工程专业强调以立德树人为目标，以综合职业能力培养为导向，遵循认知规律和职业成长规律，构建科学、实用的课程体系，将科学文化、人文素养、职业道德、创业意识、创新精神和工匠精神、劳动精神、劳模精神融入人才培养全过程，实践课程的学时学分占比超过了50%，且绝大部分实践课程均在企业完成，而相应的普通本科专业实践学时比例仅为

35%。飞行器维修技术专业严格按照国家有关规定开齐开足公共基础课程，按照必要的原则开设专业基础课和专业核心课，培养学生掌握必要的专业知识和专业技能。以就业为导向加强专业拓展课程和企业实践课程建设，提升课程数量和学时比例，拓宽学生的专业知识面，增强学生的就业竞争力。课程体系中实践学时比例达到总学时的50%，在企业的实践学时占总实践学时的44.6%，充分保障学生实践能力的提升。

六、高层次学徒制教学条件更加注重对实践教学环节的支持

高层次学徒制专业在师资队伍建设方面更加注重教师的企业工作背景，注重提升具有实践教学能力的教师比例，注重建设一支高水平的企业师傅队伍。在教学设施建设方面，更加注重实习实训室的数量与质量，更加注重企业参与实习实训室建设，更加注重校外实习实训基地建设，以便于对接真实项目的实践类课程的开设。在教学资源方面，充分考虑多样化教学资源对碎片化学习、非典型教学情境下学习的支持。三个专业具体做法详见表11-4。

表11-4　高层次学徒制试点专业主要教学条件

项目＼专业	师资队伍	实训教学条件	教学资源
大数据工程技术	1.专业教师具有三年以上企业工程经历教师占比不低于20%，具有海外留学或工作经历教师占比不低于20%；具有满足应用型建设需要、满足实训教学要求的专任实训教师数量占比不低于60%；专业	1.校内实训要具备开设相关实验的基本条件，仪器设备满足课程要求，校内实训的实验室有专门的管理人员，实验室有完善的管理制度……	1.教材选用要求至少满足下列三种条件之一：（1）通过学校教材建设委员会审查通过的、我校自编的TOPCARES-CDIO教材；（2）国外优秀计算机教材；（3）业界公认的优秀教材……

续表

专业 \ 项目	师资队伍	实训教学条件	教学资源
大数据工程技术	教师中"双师双能"型和具有行业企业实践经历的教师占比不低于70%…… 2. 每位学生对应一位企业师傅，并由企业师傅与学校导师共同构建职业技能实践实习小组。原则上每位企业师傅指导学生的数量不超过八名。企业师傅所从事的工作应与本专业高度相关；应具有五年以上与本专业相关的企业工作经验……	2. 合作企业实训基地要有足够的场地，能够接纳相应数量的学生进行合作企业实训。基地要提供真实的项目，要有专人对学生进行指导和检查，并定期向学生的校内指导教师反馈该生在合作企业实训的情况……	2. 校本编教材要按照OPCARES-CDIO系列教材指导性纲要进行编写。教材形式应符合TOPCARES-CDIO教材形式编排指导性原则；凡正式出版且已经使用三年及以上的TOPCARES-CDID教材须进行修订后方可继续使用…… 3. 信息化资源主要包括各种教学用网站和考试系统，如视频信息管理系统、资源复用教学支持平台、万维考试系统等……
智能制造工程	1. 专业带头人应具有广泛的社会联系能力，能够与专业相关的企事业单位及科研院所、高校开展深度校企合作、校际合作；积极做好本专业的专业建设、课程建设及校内外实习实训基地建设工作…… 2. 专任教师具有扎实的智能制造技术理论功底和实践能力；具有较强的信息化教学能力，能够开展课程教学改革和科学研究…… 3. 企业师傅主要从事智能制造相关工作，具备良好的思想政治素质、职业道德和工匠精神，具有扎实的智能制造专业知识和丰富的实际工作经验，能承担专业课程教学、实习实训指导和学生职业发展规划指导等教学任务……	1. 校企合作共建校内实习基地，在教学过程中为全体学生提供稳定参与工程实践的平台和环境。参与教学活动的人员应理解实践教学目标与要求，配备的企业师傅应具有项目开发或工程经验…… 2. 校外实习实训基地能够为学生提供在不同的工作岗位上的学习机会，能够完成与专业相关的实习实训项目……	1. 教师按照教师—教研室—学院—学校四级流程选用教材，且保持动态稳定。教师不得随意更换教材，同一本教材保证选用最新版。优先从国家和省两级规划教材目录中选用教材，鼓励与行业企业合作开发特色鲜明的专业课校本教材…… 2. 配备各类图书、手册、标准、期刊及电子与网络信息资源，满足学生专业学习和教师专业教学与科研所需；建设、配备与本专业有关的音视频素材、教学课件、数字化教学案例库、虚拟仿真软件、数字教材等专业教学资源库，种类丰富、形式多样、使用便捷、动态更新、满足教学需要……

续表

项目 \ 专业	师资队伍	实训教学条件	教学资源
飞行器维修技术	1. 任课教师包括专业理论教师、实习实训指导教师、兼职教师和企业师傅。教师必须具备本科以上学历，有扎实的专业理论功底，具备丰富的实践经验，有过硬的动手能力…… 2. 主讲教师应由具备讲师以上职称的专任教师担任，具备课程体系开发和课程教学实施过程设计能力，具有企业工作经历或企业锻炼经历…… 3. 按照每位企业师傅指导学生不超过五人的标准配置企业师傅。企业师傅需具有较高的专业素养和技能水平，一般应具有中级以上专业技术职称（职务）或高级工以上等级职业资格（职务）；企业师傅需具有某一类别的职业资格证书，接受过相关专业职业培训且获得了专业培训师证书、有三年以上专业实践经验……	1. 在校内建设辽宁通用航空研究院、航空工程综合实训中心、罗克韦尔实验室和417维修中心等高水平实习实训室…… 2. 与中国人民解放军5721厂等企业开展深度合作。由企业提供飞行器质量与性能检测、飞行器故障返修、飞行器机电维修等相关实习岗位，可接纳一定规模的学生实习并提供在不同工作岗位上的学习机会；配备相应数量的企业师傅对学生实习进行指导和管理；制定保证实习生日常工作、学习、生活的规章制度，提供安全、保险等保障……	1. 按照国家规定选用优质教材，禁止不合格的教材进入课堂。建立由专业教师、行业专家和教研人员等参与的教材选用机构，完善教材选用制度，经过规范程序择优选用教材…… 2. 建立由专业教师、行业专家和教研人员等参与的编撰机构，完善校本教材编撰制度，经过规范程序编撰校本教材…… 3. 配置与本专业有关的音视频素材、教学课件、案例库、虚拟仿真软件、数字教材等数字资源，种类丰富、形式多样、使用便捷、动态更新，以满足教学需要。另有专业教学所用的讲义、活页、任务书、PPT、相应的辅助文档以及企业工厂的观摩教学、现场演示教学资源……

第十二章
高层次学徒制的个案

为了贯彻落实全国职业教育大会精神，落实《教育部 辽宁省人民政府关于整省推进职业教育实用高效发展提升服务辽宁振兴能力的意见》（辽政发〔2021〕2号）任务要求，2021年，辽宁省在大连东软信息学院、沈阳工程学院和沈阳航空航天大学三所学校的部分专业启动了高层次学徒制试点工作。首先，组织专家、相关院校领导、专业负责人对实施高层次学徒制的必要性和可行性进行论证。其次，按照标准遴选试点专业，明确各试点专业在人才培养方案制订、课程体系构建、双导师师资队伍建设、实践教学条件建设、高效组织实施、创新创业教育改革、管理与评价制度改革等方面的具体任务。同时，为推动试点工作，成立了省试点工作专家指导组，编写了《高层次学徒制实施指南》，以理论创新与实践创新交融互动，高效推动试点工作，经过实践探索，试点院校逐步构建了体现自身办学特色的人才培养模式。

一、"基于数字工场的工学交替课内外一体化"人才培养模式

大连东软信息学院数字媒体技术专业设立于2008年,是辽宁省最早开展数字媒体技术本科教育的专业之一。该数字媒体技术专业建设初期,以游戏开发为主,为数字内容产业培养急需的应用型人才,随着产业环境不断发展变化,专业定位逐步转变为以 XR(AR、VR 和 MR 的合称)设计与开发为主,全面实施 TOPCARES 一体化人才培养模式。2014 年开始推动以工作室引领的 TOPCARES 教学改革,2018 年获得辽宁省本科教学成果一等奖,2019 年被评为辽宁省一流本科教育示范专业、国家级一流本科专业建设点,并开始融入国际工程教育最新理念,开展面向产出的数字媒体技术工程师培育,获批省级现代产业学院、实验教学示范中心、虚拟仿真实验教学中心、创新创业实践教育基地、文化实践教育基地。2021 年该专业成为辽宁省高层次学徒制试点专业。

2021 年 4 月,数字媒体技术专业高层次学徒制试点工作正式启动,2021 年 7 月底完成人才培养方案调研及论证工作,确立高层次学徒制人才培养试点工作报告制度;2021 年 9 月,录取首批 60 名学生,开始实施高层次学徒制试点教学工作。目前已经完成《数字媒体技术专业高层次学徒制试点工作实施方案》《数字媒体技术专业高层次学徒制试点工作实施流程》《数字媒体技术专业人才培养方案(高层次学徒制)》《数字媒体技术专业企业师傅遴选标准》等制度的制定工作。修订《数字媒体技术系教师绩效考核实施方案》,增加高层次学徒制导师工作细则内容以及相关的奖励机制;修订《数字媒体技术系学生外出实习实施方案》,增加高层次学徒制工学交替方案;修订《数字媒体技术系双导师制度》,增加高层次学徒制工作细则;修订《学生赴企业实习管理细则》,增加工学交替教学组织形式中的顶岗实习实施细则。同时,建

立高层次学徒制工作组,工作组由专业教师和企业教师共同组成,保障高层次学徒制人才培养质量。

(一)实施背景

党的十九届五中全会指出,要深入实施"人才强国"战略,深化变革人才发展机制。随着大数据时代的来临,数字经济转型升级对劳动者数字化职业技能素养提出了更高的要求,急需大量适应数字经济发展、具备数字化知识结构和数字化动手能力的人才,数字化人才队伍建设成功与否关乎国家"数字基建"发展大局。

受体制、机制等多种因素影响,我国数字化人才培养供给侧和产业需求侧在结构、质量和水平上还不能完全适应产业需求,毕业生的数字化动手能力不能完全满足用人单位需求,院校培养内容与职业岗位要求吻合度不够,导致数字化技术技能人才结构性、质量性短缺,需求和供给不匹配,我国数字化转型人才市场存在着结构性矛盾。

为解决上述问题,满足辽宁重点优势特色产业和未来新兴产业发展对数字人才的需要,2021年,大连东软信息学院数字媒体技术专业充分发挥学校企业办学优势,以高层次学徒制产业学院为依托,以数字工场为桥梁,构建并实施"基于数字工场的工学交替课内外一体化"高层次学徒制数字化人才培养模式(见图12-1),面向数字媒体相关专业领域,包括新媒体运营、数字建模制作、UI及产品原型设计、游戏美术及内容设计、虚拟现实应用开发、数字媒体交互设计等领域,培养高素质技术技能人才。学生毕业后获得"1"份学历证书,获得游戏美术设计、虚拟现实应用开发、界面设计、数字创意建模和数字媒体交互设计"5"份职业技能等级证书。

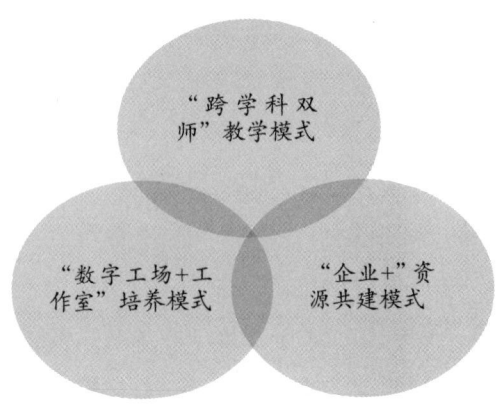

图12-1　数字媒体技术专业协同育人模式

（二）主要措施

1. 构建了书证融通课程体系

该专业注重培养学生的综合职业能力，促进其职业生涯可持续发展，通过企业调研，将 X 证书要求融入课程体系，构建符合行业发展的课程体系结构，明确数字创意建模、界面设计、游戏美术设计、虚拟现实应用开发、数字媒体交互设计五个职业技能要求（详见图12-2）。

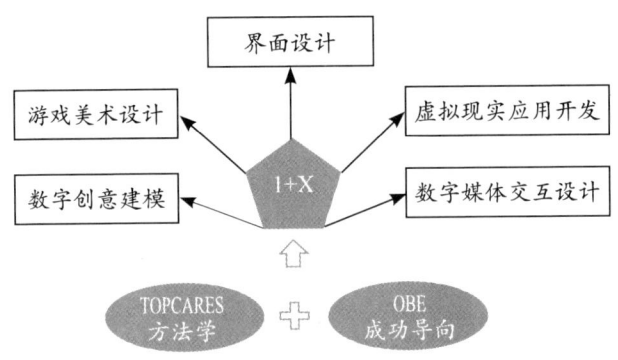

图12-2　书证融通课程体系设计思路

按照 TOPCARES 方法学和工程教育理念，以成果产出为导向逆向反推设置课程，将职业技能等级证书的教学要求纳入课程体系，学生学完相关课程即可获取相关的职业技能证书，课程体系详见图 12-3。

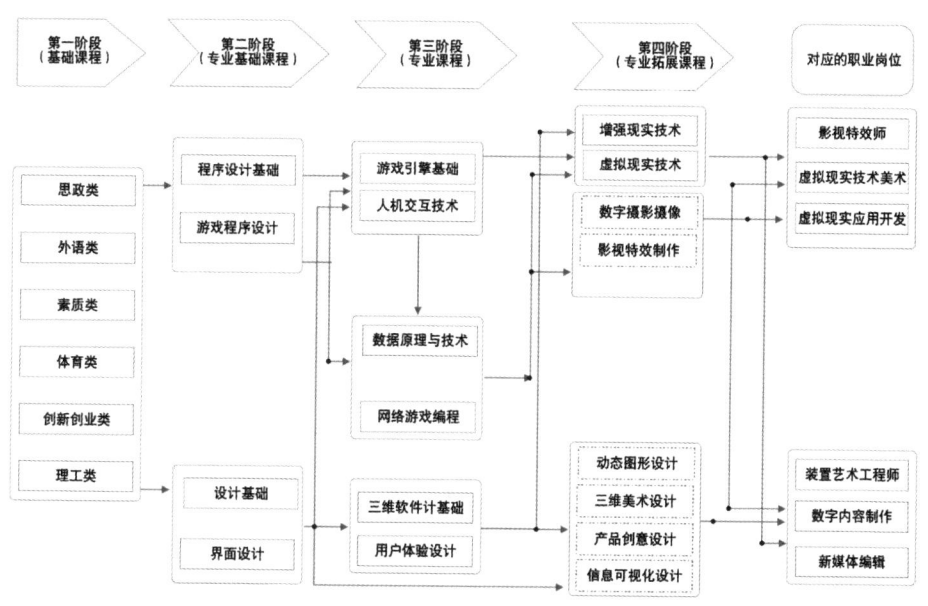

图12-3　数字媒体技术专业高层次学徒制试点专业课程体系

2. 优化了工学交替"2+2"实践体系

学校和企业人员对学生毕业后即将从事的数字媒体领域主要职业岗位的工作要求、职业资格标准、岗位标准等职业标准进行职业分析，建立专业职业能力标准，基于标准明确项目任务，建设"2+2"实践体系，即 2 年基础理论学习、2 年接受校内实训及跟岗实习（详见图 12-4）。大一年级重点开展基本技能训练，大二年级重点开展专业综合实践，大三年级重点开展校内实训，大四年级则依托数字工场开展跟岗实习，确保 50% 以上课时用于职业技能实践。理论教学主要在学校实施，实践教学在包含数字工场的企业真实环境中进行，学校和企业共同建设高质量的一体化教学资源，依托全流程一体化的智慧教育信息化教学与管理平台和校企一体的"双师型"师资队伍，理论教学和实践教学相结合完成数字工场等企业真实环境中的项目任务，实践学时比例超过50%。

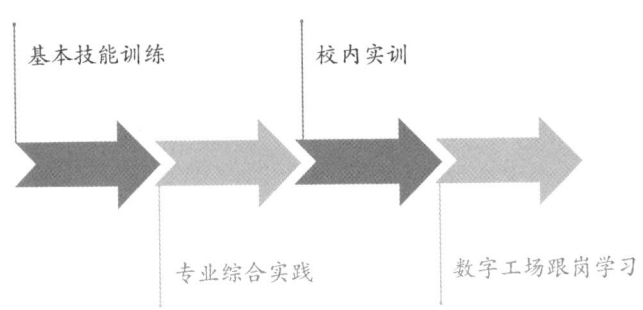

图12-4 工学交替"2+2"实践体系

3. 明确了"双师双能"协作育人中"双师"的协作关系

为促进高层次学徒制试点专业"双师双能"协作育人，该专业明确了学校导师和企业师傅的分工和协作关系，从课程设置与教学内容、教学方法与实践环节、科研项目与技术开发、职业发展与就业指导等多角度实现"双师双能"协作育人，共同促进学生全面发展，培养具备较高理论水平和较强实践能力与应用能力的应用型人才。如图12-5所示，人才培养不仅关注产业所需的未来可持续发展能力，更注重企业一线岗位实践能力的培养。

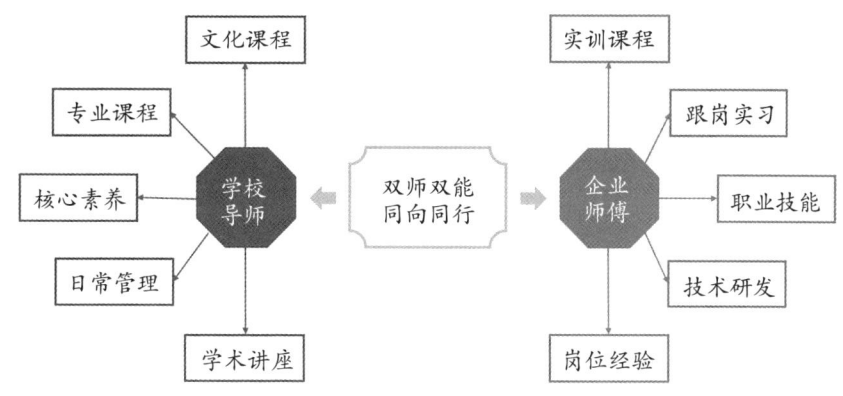

图12-5 "双师双能"协作育人中"双师"的协作关系

学校导师和企业师傅在育人过程中既有分工又有合作。

第一,双导师在核心专业课程等领域紧密合作。共同建设、共同讲好核心专业课程,企业师傅全程参与课程目标、课程内容、教学方法和课程考评的设计,并协同学校导师开展科研、技术研发等技术创新工作,解决企业实践中的实际问题。

第二,双导师在其他工作领域有明确的分工。学校导师负责实施学生文化课程和专业课程的教学和管理工作,在日常教学管理中开展职业道德、职业习惯、文明礼仪等核心素养的教育,督促和管理学生遵守校企规章制度,指导学生深化专业理论学习,学以致用,耐心及时解答学生提出的问题。企业师傅协同学校导师按照人才培养方案要求,完成课程设计、课程体系构建、课程开发和教材建设等工作,依据岗位课程标准实施岗位技能课程教学和拓展课程教学,对学生进行职业道德、职业行为的养成教育,传授岗位实战经验,传承企业文化,完成对学生在企业学习期间的岗位课程考试、技术技能考核和成绩评定工作,及时反馈学生课程完成效果、工作状况和相关调查数据,开展课程与教学研究、技术研发、教学经验梳理及成果总结工作。

第三，校企导师协同开展常态化系列讲座，促进学生深入了解高层次学徒制的意义及其未来的工作世界，使之尽早适应未来职业岗位。学校导师通过讲座向学生讲解高层次学徒制人才培养目标的设定依据及调研情况，高层次学徒制在人才培养目标、课程设置、考核评价方式等育人过程的优势及要求等内容。企业师傅通过讲座，向学生讲解本科期间的学业规划与职业规划、数字媒体技术领域的求职技巧与面试技巧、企业真实项目案例、应届生初入职场的心得体会以及企业工作与学校学习的异同等内容。

4. 建立了"双导师＋全过程"管理制度

通过学校导师和企业师傅的联合培养、全程化的教育管理，从导师遴选到导师培训再到协同育人，实现"双导师＋全过程"管理制度，提升导师的学业指导能力，提高学生的综合职业能力（详见图12-6）。该专业明确了双导师的遴选标准，以标准为依据遴选双导师，健全灵活的人才流动机制，合理分配学校导师与企业师傅；加强双导师培训，共同建设校内"信息技术与服务特色高水平专业群'双师型'教师培养基地"，校外"企业实践卓越师资培养基地"，通过加强校内外培养基地建设，提升"双师"的"双能"；完善

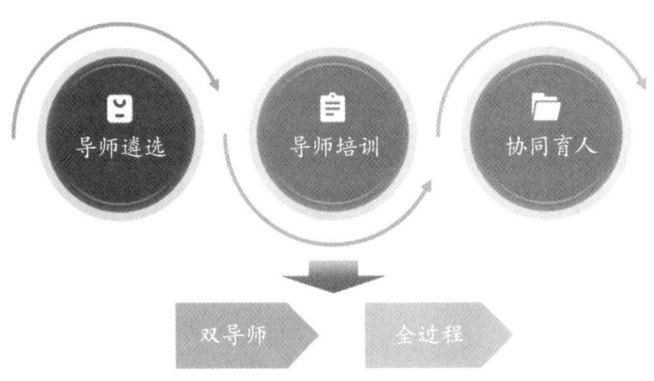

图12-6 "双导师＋全过程"管理制度

双导师协作育人管理制度，如《数字媒体技术系新生班导师工作机制》《数字媒体技术系本科生导师工作机制》《数字媒体技术系毕业设计企业师傅工作机制》等，新生班导师制度、本科生导师制度、毕业设计企业师傅制度等导师管理制度的制定和实施，有效促进学生的学业发展和实践能力的培养。

5. 采用了"问题导向，项目驱动"的多样化教学方法

采用项目教学法进行教学，前提和基础是科学开发项目，建设项目教学资源。为促进项目教学法的实施，该专业按照"行业生产一线真实过程的演示模式"，对照学校 TOPCARES 改革要求优化专业核心课程建设，每门课程至少包含 1 个 3 级项目、5 个 4 级项目和 10 个 5 级项目，1、2 级项目则在实践学期及毕业设计中展开，建设以 5 级项目为牵引的项目教学资源。除项目教学法外，该专业采用问题导向教学模式实施教学，重点培养学生解决问题的能力。通过东软数字工场平台，企业为学校配备来自产业一线的企业讲师，提供丰富的真实工程场景和真实行业案例，学生所学所做面向企业真实需求。为提高教学效果，开展以赛促学活动，促进形成"比学赶超"的教学氛围。专业以工作室为单位，通过定期举办数字春天、金色之秋、毕业季等教学成果展，组织学生参加专业竞赛，促进学生自主学习，增强学习热情，课内外一体化教学方法（详图 12-7 所示）。

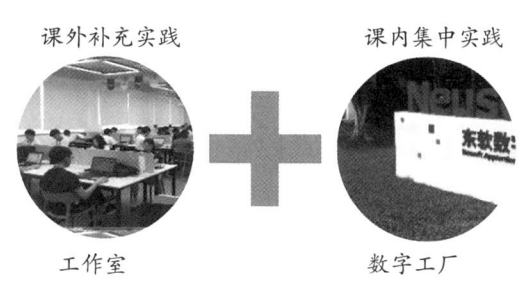

图 12-7　课内外一体化教学

6. 主动参与数字工场实习实训基地建设

在高层次学徒制人才培养过程中实习实训时间长、目标要求高，必须有充足的实习实训基地作为保障。在加强实习实训基地建设上，一方面，主动联系地方合作基础好的企业作为校外实训基地；另一方面，主动参与数字工场建设，指定专人与数字工场进行对接，参与制定实践课程体系，根据学生能力水平对实践类课程进行调整。如图12-8所示，数字工场是一种用于提高学生的实践技能及获得实际工作经验的人才培养载体，它有效整合了学校教育与职业培训，为IT类专业学生学习提供真实的岗位、环境、项目等，打造从大学生定制培养、集中训练、顶岗实习到人才输出的完整人才生态链，实现人才培养与产业需求的无缝对接。

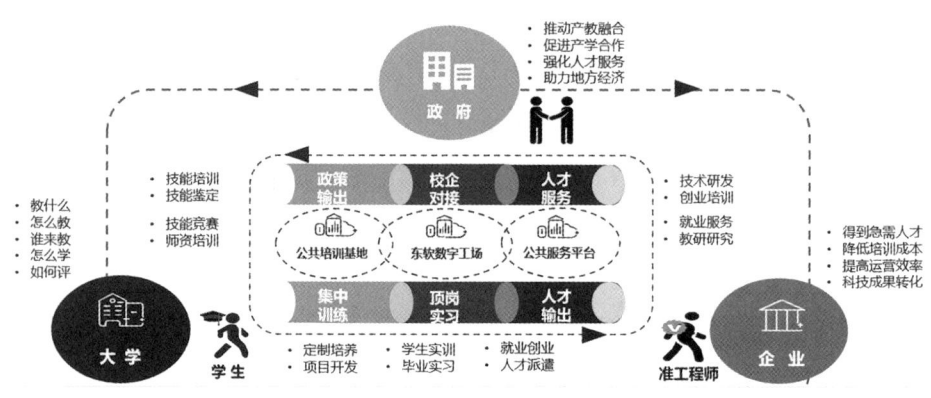

图12-8 东软数字工场基本体系结构

7. 建立了科学多元的人才培养效果评价体系

根据数字化人才培养质量要求，以及中国特色学徒制多主体参与的特点，建立科学、多元的数字化教学评价体系（详见图12-9）：一是评价模型合理化，面向数字化产业需求，校内外导师协同制定科学的评价模型，确保评价的客观性和可衡量性；二是参与主体多元化，形成学生自评、学生互评、学校导师评价、企业师傅评价的"评价共同体"，加强互动互通，实现学习效果监控；三是评价方法多样化，构建"诊断性评价—形成性评价—终结性评价"为一体的全过程评价，并在课程进行过程中，及时通过考勤、随堂实践等方式，及时评价、及时反馈；四是评价手段数字化，依托智慧黑板、雨课堂、希沃品课、工程认证教育系统等数字化信息平台留存评价数据，跟踪记录学习全过程，使学生的学习效果"看得见，摸得着"，同时将评价信息实时、高效反馈，生成科学化、精准化、立体化的评价结果；五是评价内容全面化，以培养德、智、体、美、劳全面发展的高素质应用型技术人才为目标，从知识、能力和情感、态度与价值观三个维度对学生进行全面客观评价。

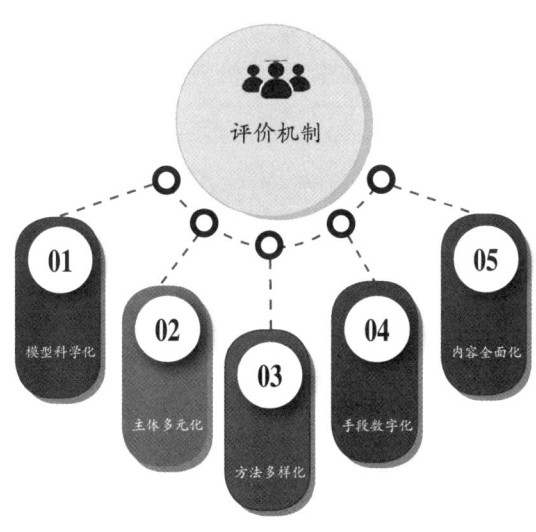

图12-9　高层次学徒制的学生评价机制

（三）主要成效

1. 学生实践能力普遍增强

主要体现在三方面。一是具有更加清晰的职业生涯规划。学生通过企业体验、项目教学、校企双导师的职业生涯规划指导等环节，充分了解业界实况，了解自己毕业后面对的机遇及挑战。二是职业素养得到全面提升。经过在校学习、企业实际工作，学生在双导师指导下全过程、全方位提升职业素养。三是具有更强的岗位能力。学生较早深入企业实践，了解工作中所需要的知识和学校课程之间的关系，进而以目标和需求为导向自主增强综合职业能力。四是具有更充足的学习动力。高层次学徒制多以项目的形式学习和获得知识，理论联系实践，学生在做中学、学中做的过程中完成项目，学习更为努力、自觉。

2. 校企合作水平得以提高

一是学生的就业机会得到增加。高层次学徒制招生与招工一体，学生在校期间参与企业生产实践，表现良好的就被企业直接录用。二是教师的实践能力得到增强。双主体育人，加强了学校教师与企业师傅的深度交流和合作，丰富了教师的实践经验。三是专业的影响力扩大。通过校企合作，学校培养更多高质量专业人才，使专业发展进入良性运行状态，专业核心办学能力明显提升。在校企合作中，双导师互动交流有助于弥补不足，共同进步，有助于了解并攻克业界的难点、痛点，提升学校的企业影响力。

3. 企业初步感受到了联合培养的好处

企业参与高层次学徒制人才的培养，学生在早期便学习接纳了企业文化、工作环境和项目内容，同时企业也能够提前了解学生，获知学生的能力、品行和潜力，提早从学校选拔优秀人才并有针对性地培养。校企合作培养的人才到企业后，适应期短、稳定性高、工作上手快，帮助企业解决了招人难的问题，企业更愿意参与人才培养。

（四）主要经验

1. 深刻理解高层次学徒制人才培养的意义是协同育人的前提

实施高层次学徒制试点，首先要组织相关人员深入调研和业务学习，深刻领会高层次学徒制的意义。其次，组织教师研究、借鉴国内外先进经验，论证、研讨、制订人才培养方案，确保人才培养目标和过程符合高层次学徒制的培养要求。

2. 系统制定行业特色高层次学徒制制度规范是协同育人的基础

教师积极参与高等职业教育数字媒体技术专业、虚拟现实技术专业的专业教学标准的制定工作，在深入了解借鉴职业教育典型人才培养模式及其经验基础上，制定 12 项适合自身专业特色的人才培养制度，使学生指导、课程体系建设、师资培训、校企合作有据可循。

3. 大力建设面向产出的项目课程教学体系是协同育人的载体

课程教学是高校育人的核心工作，实施高层次学徒制，基础是重构课程教学体系。把成果导向、项目教学、混合式教学、工学交替等教育理念和模式引入课程教学体系建设，大幅度提高学生实践比例，提升学生实践能力和应用能力。专业教师广泛采用以学生为主体的教学模式，引导学生从以听为主转变到以学为主、以做为主，充分利用数字资源优势，完成课堂变企业、学位变工位的转变。

4. 充分利用数字工场等优质企业对接平台是协同育人的核心

高层次学徒制的实践离不开行业企业的大力支持，但需求对接不准确、不及时是校企合作双方面临的主要痛点。专业充分利用东软数字工场的"主场"优势，积极参与数字工场建设，与数字工场签订具体合作协议，利用实践学期、实践学时等工学交替中的"工"时部分完成数字工场真实项目，有效深入推动校企合作。

5. 切实做好校企双方"双师型"师资培训是协同育人的关键

与传统学徒制类似，高层次学徒制能否取得成效关键在于师傅带得怎么样。目前，双导师中专业教师缺乏实践经验，企业教师缺乏教学经验的问题仍然比较突出，解决这一问题，必须大力开展校企双方"双师型"师资培训。学校主动外派教师参加企业工作，邀请企业师傅到校内进行研讨、座谈和资源共建。由学校导师主导，积极协调企业师傅参与建课、备课、讲课、评课的全部教学实践过程，最大化发挥学校和企业双导师协同效能，全面发挥双方教师的"传帮带"作用。

二、"一基二能多融合"岗位对接式人才培养模式

沈阳工学院智能制造工程专业是2019年获批的新工科专业。该专业立足辽宁装备制造业、国家级同城化试验区沈抚新区高端装备制造产业基地，践行"以人为本、学以致用"的办学理念，以学校高档数控机床信息物理融合与智能制造省级重点实验室建设为引领加强专业建设。建设了符合"工业4.0"标准的i5智能制造实验教学中心（全国首家校内数字化工厂）、机器人实践教学基地、智能多轴实践教学基地以及10余家校外实践基地，凭借自身专业优势、硬件条件优势，该专业于2021年申报并获批辽宁省高层次学徒制试点专业。

（一）实施背景

在高质量发展阶段，我国提出推进智能制造，在重点领域试点建设智能工厂/数字化车间，加快人机智能交互、工业机器人、智能物流管理、增材制造等技术和装备在生产过程中应用的战略部署。辽宁是东北老工业基地，有

以沈阳机床、北方重工、华晨宝马、沈阳飞机工业集团、沈阳机车车辆有限公司、沈阳特变电工、沈阳新松机器人等国内大型企业为龙头，千余家配套企业组成的装备制造业产业集群。制造业生产设备亟须智能化改造升级，但是辽宁地区技术技能人才数量短缺，尤其缺乏高素质、复合型、创新型技术智能制造人才。

为了更好地服务数字辽宁智造强省对高素质技术人才的需求，沈阳工学院根据《辽宁省教育厅关于印发〈辽宁省本科层次职业教育改革发展行动方案〉的通知》《关于开展应用型本科院校申报本科层次职业教育改革试点专业的通知》精神，结合自身专业优势、硬件条件优势，以服务辽宁地区智能制造行业为己任，2021年智能制造工程专业申报并获批辽宁省高层次学徒制试点专业，开始推进高素质技术人才培养模式的改革，并在实践中逐步形成了工学结合、理实融合、学用一体的"一基二能多融合"岗位对接式人才培养模式，培养机器人工程师、数控编程工程师、数字化工程师等相关岗位工程师。如图12-10所示，"一基"是以智能制造技术为基础，"二能"是突出车

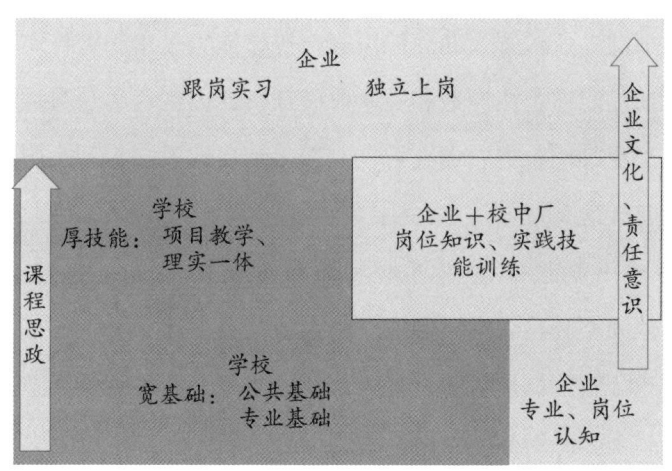

图12-10　智能制造工程专业"一基二能多融合"岗位对接式人才培养模式

间管控能力以及机器人编程与操作能力及其周边设备联调联控能力、数控机床编程与操作能力中的一项能力，"多融合"是指产教融合、科教融合、专业与职业融合、课程与工作融合、理论与实践融合、技术技能传承与创新融合。

（二）主要措施

1. 调研分析专业人才需求，校企共同确定人才培养目标

该专业在申报高层次学徒制试点前，组织教师深入辽宁智能制造企业进行调研发现，辽宁已形成以沈阳机床、北方重工、华晨宝马等国内大型企业为龙头，千余家配套企业组成的装备制造业产业集群，针对智能制造产业升级、绿色制造智能升级、优质制造智能升级、工业软件使用与维护、工业互联网与云平台五个发展方向，产生20多个相关具体的智能制造工作岗位。在对全国《智能制造机械行业人才需求与职业院校专业设置指导报告》、产业研究院的相关数据分析等文献资料进行人才需求分析的基础上，寻找并确立合作企业，建立院校招生录取与企业用工一体化的招生招工制度，培养德、智、体、美、劳全面发展，以智能制造工程理论知识和基本技能与方法为基础，具有较强的工业机器人和数控编程与操作能力、车间管控实践能力和良好的职业素质，能在智能制造相关企业胜任机器人工程师、数控编程工程师以及数字化工程师岗位群，能在智能制造生产、建设、管理、服务一线工作的具有一定创新意识的高层次技术技能人才。

2. 校企共同制订修订完善人才培养方案

在对其他同类高校、本科职业学校人才培养方案充分调研的基础上，校企专家共同论证智能制造工程专业人才培养方案，明确智能制造方向人才培养的侧重点。如图12-11所示，人才培养方案制订后召开了论证会，聘请企业专家对人才培养方案进行论证，保证人才培养方案的合理性、科学性。相对于原来的应用型本科专业培养方案，细化后的培养目标、毕业要求、课

程教学目标，更为强调培养学生具有较强的工业机器人和数控编程与操作能力、车间管控实践能力和良好的职业素质。

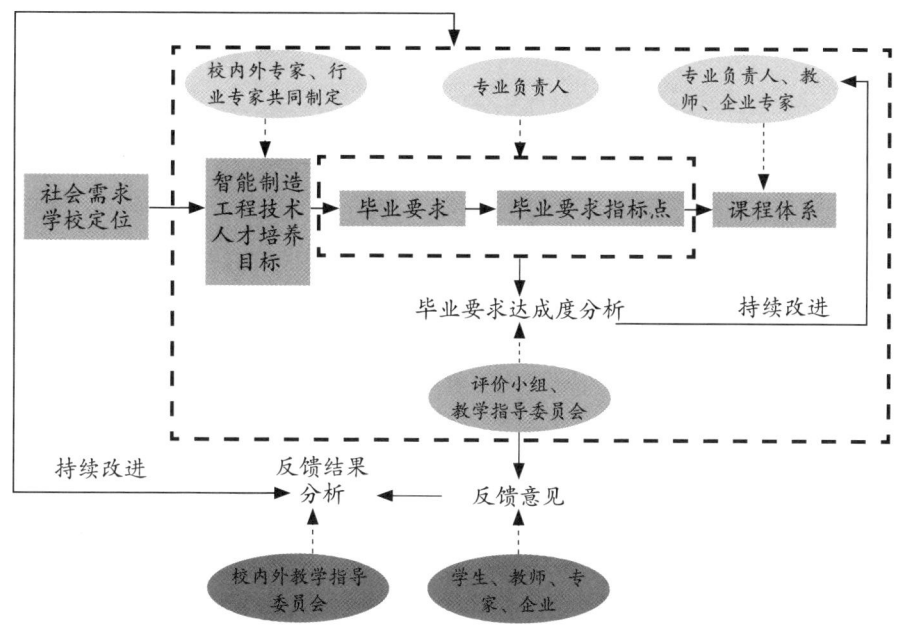

图12-11　智能制造工程专业高层次学徒制人才培养方案制订流程

3. 校企共同构建"学习与岗位结合、工作与学习结合"模块化课程体系

按照工程教育专业认证标准，以学习成果为导向，校企共同探讨智能制造工程专业技术技能人才成长规律和工作岗位的实际需要，开发"学习与岗位结合、工作与学习结合"课程体系。如图12-12所示，专业课程体系融入企业员工代表性工作任务，并由易到难、由低到高、由浅到深、由单一到复杂化。按照从职业认知到简单岗位操作、轮岗实训的实践教学过程，把企

实践、企业课程合理融入专业课程体系，确定五大课程模块，即公共基础课程、专业基础课程、专业核心课程、专业拓展课程和企业实践课程。实践课时数超过50%，实现了"育训一体"。

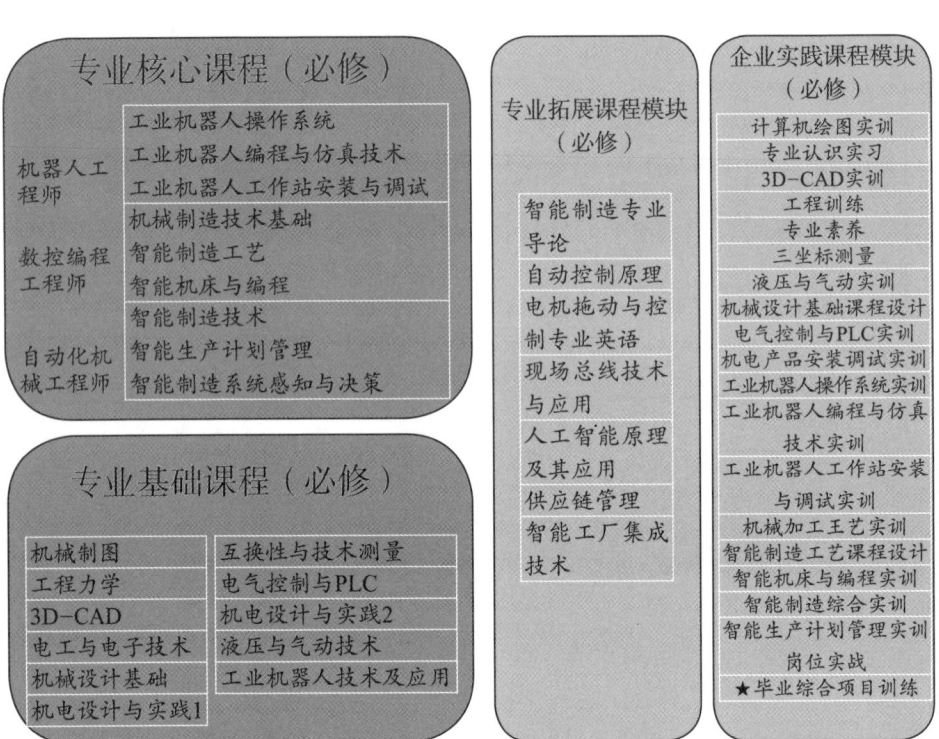

图12-12　智能制造工程专业高层次学徒制人才课程体系

4. 构建"工时制"实践教学模式

"工时制"实践教学模式是指学校对接企业标准，结合智能制造工程专业人才培养目标和要求，在智能制造实践基地设立多个任务供学生进行挑选，例如，图12-13中的"智能机床与编程"课程中的项目与工时，各个任务相辅相成、环环相扣，充分发挥学生的积极创造性和主观能动性，使之在"做中学，学中做"的"工时制"模式中学有所成，学有所获。教师在教学中多采用项目教学法、理实融合法、小组讨论、案例教学法、雨课堂、现场教学等综合教学法进行教学活动，充分激发学生的学习兴趣与热情，提升学习效果。

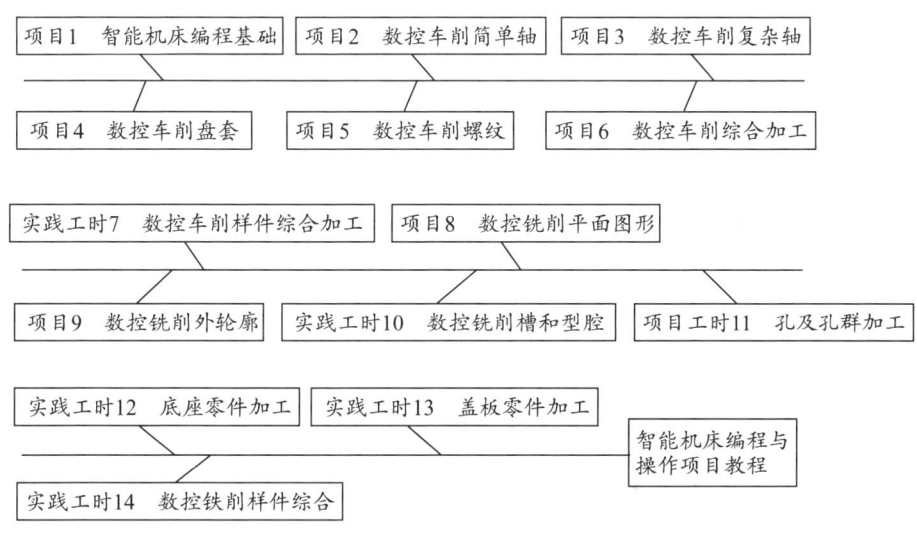

图12-13 "智能机床与编程"课程"工时制"项目明细

根据合作企业职业岗位标准制定考核标准，据此规范实施每门课程与每个项目的考核。学生实习的考核，首先，在学生实习教学环节结束前夕，先由校内指导教师审核学生本人完成并提交的实习报告、实习日志、联系记录和合作企业鉴定意见等资料；其次，深入学生实习的企业，邀请企业专家一起参与在岗实习学生的毕业答辩，对学生在岗实习期间的表现予以综合评价。学生在岗实习的综合成绩由本人提交资料的评定成绩、毕业答辩成绩和企业师傅的评定成绩按比重加权平均计算而得，其中企业师傅对在岗实习学生评定的成绩占主要比重。

5. 强化实习实训基地建设

该专业拥有省级教学示范中心、省级校外实践基地，为高层次技术人才培养提供优越教学条件。2017年，与沈阳某企业共同投资3000万元建成了多元素、多领域、多学科的智能制造生产线，为智能制造人才培养提供了高水平的校内教学与实践平台。该智能制造生产线整套系统包括：三个加工制造分系统、仓储物流分系统、信息管理分系统。该系统满足数字化工厂理念，包括工件仓储管理、数字化制造加工、自动化输送、信息管理等一系列自动化过程。通过车间管控 WIS 系统，对车间的生产过程进行监控，运用信息化手段，进行业务流程管理、生产调度、原料成品管理、人员管理等，实现过程自动化、加工智能化、设备数字化、操作无人化、车间网络化，使整个实训室成为集计算、通信、控制于一身的新一代智能制造实训中心新模式。2018年，投资800余万元，启动建设集基础应用、综合提高、特色创新等训练于一身的先进机器人实训中心，真正做到了从教学到生产、从学校到企业的无缝连接。2020年，与华中数控合作，成立了智能多轴实训基地，引进了20多台五轴加工中心、2台金属打印机，在先进加工领域又迈上了新的台阶，力求增强学生的实践能力，培养智能制造领域的高素质技术人才。

除此之外，智能制造工程专业还有七个相关实验室：工程训练实训区、电气控制与 PLC 实验室、单片机实验室、数控仿真实验室、互换性与技术测量实验室、机械设计实验室、液压与气动实验室。这些场所全天候对学生开放，并配有专门的实验教师队伍管理，学生在课上课下都有机会通过先进的设备践行自己的理论。

6. 建设高水平双导师教师队伍

建立一支职称、学历结构合理，实践经验丰富，"双师"素质教师比例高、专兼结合的高水平智能制造师资队伍。精心选拔专业带头人和团队成员，遴选专任教师24名，聘请霖和自动化、沈阳航空制造等企业的中、高级专业技术职称和丰富生产实践经验的企业兼职教师12人。专任教师中博士5人，占比20.8%；硕士17人，占比70.8%；教授7人，副教授11人，高级职称占比75.0%；具有双师素质的教师17人，占比70.8%，专任教师教学科研能力较强。为不断提升双导师育人水平，一方面，制定了《沈阳工学院关于加强师德师风建设的实施意见》《沈阳工学院教师行为工作规范》《沈阳工学院教师学术道德规范》等制度，以制度规范双导师教育教学行为。另一方面，鼓励支持教师开展教学研究和教学改革、挂职锻炼、师德师风培训、分院级培训、教研室培训等继续教育活动，不断提升自身教学、科研水平和实践能力。

7. 建立健全校企"双主体"育人机制

政府、学校、企业三方共建教学指导委员会、校内外实践基地、产业学院，实施订单培养模式，构建"共管、共治、共建、共育、共享、共研"的"六共"协同育人新机制，校企资源优势互补、项目共建、成果共享，形成了校企命运共同体。学校与企业共同进行面试筛选，如图12-14所示，以企业为主导，将面试录取的学生安排至企业进行认识实习，再次进行筛选后，由企业与学生、学院三方共同签订用工、培养、合作协议。确保学生权益不受损害和保护企业、学校、学生的共同利益，明确各自的责任，并在此基础上过渡至招生录取和企业用工一体化上来。

按照企业生产实际，实施弹性学习时间，实施育训结合、工学交替、在岗培养，着力培养学生的专业技能、职业素养和职业道德。强化工作场所学习管理，学校教师与企业教师共同设计高层次学徒制的实训报告册新模板，对课程预期学习成果、项目预期成果、实训过程、项目小结（自我评价、收获、体会）、实训总结以及学生自我评价和教师评价成果达成等环节进行规范管理，充分体现以学生发展为中心。

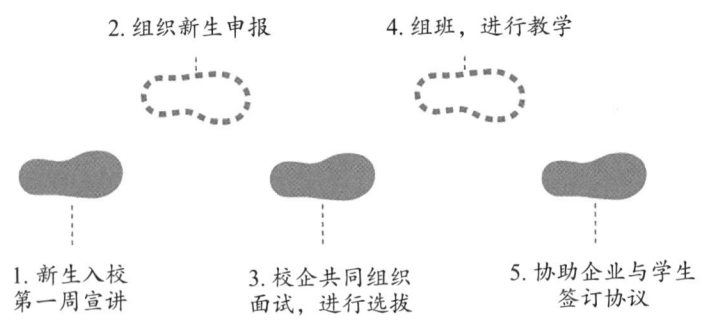

图12-14 智能制造高层次学徒制班的招生宣讲流程

8. 健全闭环质量控制管理体系

学校坚持"以人为本、质量至上、创新发展、追求卓越"的职业教育质量方针，健全人才培养闭环质量控制管理体系。如图12-15所示，学校内部质量保障体系包含了人才培养的主要环节和主要因素，由组织、标准、资源、过程、监控、评估等九个系统组成。通过"教、学、管、建"工作督导评价制度，进行闭环质量控制管理，健全"查评—反馈—改进"持续改进的教学质量评价工作机制，完善"943"教育教学质量保障工作体系，强化过程监控和结果保障。为促进闭环质量控制管理体系运行，学校完善教学质量监控体系，教研室通过教学研讨、教学期中检查，学院教学指导委员会评教、教师相互听课评教、征求学生对任课教师信息反馈等方式，强化教学质量监控。

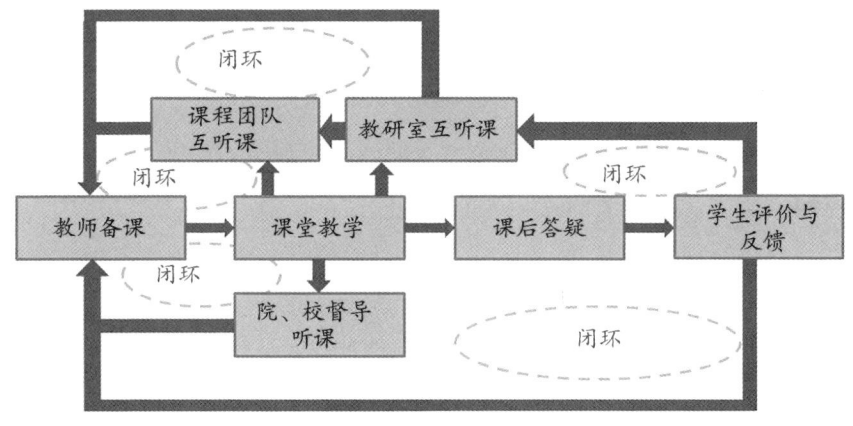

图12-15 教学过程质量控制管理

为加强日常教学管理,学校定期开展课程建设和教学质量诊断与改进,建立健全巡课、听课、评教、评学等教学管理制度,校企共管的实践教学督导制度。发挥教师学习共同体作用,组织教师定期开展公开课、示范课等教研活动,如图12-16所示,通过经常性的教育教学研讨活动,引导教师自主增强教育教学能力。

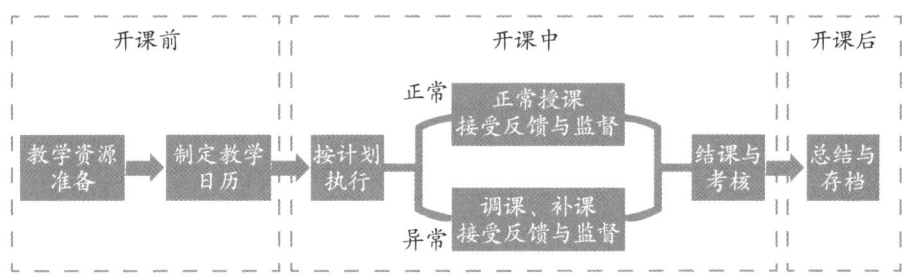

图12-16 教学过程管理

（三）主要成效

1. 强化了实践技能与创新意识的培养

一是"赛训一体"。高层次学徒制按照技能竞赛要求优化教学内容，将技能竞赛融入综合实训，提升学生专业技能；二是"创训一体"。高层次学徒制注重实施创新创业教育，开展了"专创融合、双创实践、创新拓展"逐级递进的"双创"训练，组建了多个大学生创新创业团队，学生在双导师培养引领下，参加大学生创新创业项目和实践技能比赛，全面提高其创新创业能力。

2. 推动了教师教学思想和教学方式的转变

高层次学徒制全面推行校企"双师"联合培养制度，教师在教学过程中，秉承协同育人理念，能够与企业师傅共同研讨，依据专业培养目标、课程教学要求、学生学情调研与教学资源建设等情况，设计教学内容。在授课过程中，教师采用案例教学、项目教学、模拟仿真教学、线上线下混合式教学等教学方法进行教学，创新实施"工时制"教学模式，提升教学质量。

3. 探索形成校企命运共同体

实现学生与企业双向选择，学院分别与沈阳航空航天制造、云科智能制造等企业签订高层次学徒制校企合作协议书，实现院校招生录取与企业用工一体化的招生招工制度。通过"五位一体"的校企合作新模式和"六共"协同育人新机制促进形成校企命运共同体。

（四）主要经验

1. 依托"校中厂"实践基地，"三个"一体提升就业能力和创新能力

为促进实践教学体系运行，提高实践教学效果，该专业建设"校中厂"实践基地，按照企业化的运作模式，实现"教学"和"生产"两个目标，真

正做到"学中做，做中学"。依托"校中厂"实践基地，学生从大一进校就进行体验沉浸式学习，感受真实的职业环境，逐步养成良好的职业行为习惯，实现"育训一体""赛训一体""创训一体"，真正培养既懂基层业务操作又能够进行理论分析、改善与管理的技术技能人才。

2.通过实践性项目促进工学结合、理实融合、学用一体

以培养目标为导向，有针对性地选择智能制造中心实训基地、校企合作单位等实际生产中的实践性项目，学生在"校中厂"和企业交替培养过程中，结合不同岗位实践，在项目认知、项目基础知识学习、项目专业技能学习中逐渐能够独立完成项目，最终毕业后能够"免培训、免过渡"直接上岗，缩短企业培养周期。

三、"实践链驱动的产学研用一体化"人才培养模式

航空机电设备维修技术专业依托学校传统优势专业建立的新兴专业，主要面向通用航空维修岗位，培养能够掌握航空基础知识、航空器维修的基础知识以及航空器结构、系统与发动机工作原理、使用维护和调整方法，具有常用机型的通用航空器维修、外场机务维护、定检和管理等能力，能从事飞机维护、飞机部件和发动机修理、无损检测、监控及故障诊断等工作的高素质技术人才。

（一）实施背景

中国航空工业高速发展，需要大量高级应用型人才，然而高校对人才工程能力培养偏弱，缺乏系统的工程训练，需要强化实践教学环节，促进多学科交叉融合，加强实验室、校内外实习基地建设。满足东北老工业基地升级

改造急需的大量技术人才，尤其是辽宁地区有非常旺盛的航空人才需求，打破学科壁垒、培养复合技术人才遇到困难。一是企业生产限制。随着国家航空航天事业的迅速发展，各单位生产任务繁重，接纳学生实习实训能力受限；二是企业保密限制。由于航空航天企事业单位具有严格的保密制度，学生能够接触的工艺现场及相关材料都非常有限，对现代航空企业工艺流程和文化难以深入了解。三是企业安全限制。各单位具有严格的工作纪律和操作规程，既是保证产品质量的要求，又是对操作者人身安全的保障。为了解决这些瓶颈问题，培养高素质技术人才的工程实践能力，2021年，沈阳航空航天大学在综合考虑辽宁优势特色产业发展对航空器零部件装配与制造、航空器整机及零部件检测、航空器维修技术人才的需要，专业建设的基本条件、建设基础，以及合作企业和师资队伍等基本情况的基础上，在飞行器维修工程技术专业开展高层次学徒制试点工作，构建并实施了"实践链驱动的产学研用一体化"高层次学徒制，培养从事飞机维护、飞机部件和发动机修理、无损检测、监控及故障诊断等工作的高素质技术人才。学生毕业后，不仅能获得毕业证书，还能获得民用航空器维修人员执照职业技能等级证书。

（二）主要举措

1. 校、院、厂、基地四方共同制订人才培养方案

学校在实施高层次学徒制试点前，组织教师深入院、厂、基地进行调研，了解用人单位职业岗位、人才需求及其对毕业生的评价。在广泛调研的基础上，所有的专业教师以及院、厂、基地的代表，在职业教育课程专家指导下共同制订人才培养方案。明确人才培养目标，构建以课程为核心、项目为支撑、竞赛为牵引、实验室为平台、社团为载体、校企合作导师为保障的"实践链驱动的产学研用一体化"人才培养模式，注重课内与课外相结合、校内与校外相结合、线上与线下相结合、知识与能力素质培养相结合、理论与

实践相结合。为促进人才培养方案实施，校企共同开发课程标准，共同打造师资团队，共同实施人才培养，共同开展评价考核。

2. 建立了"一心三环"多学科交叉融合的航空特色实践教学体系

该专业以现代工程教育理念为指导，打破学科壁垒，多学科交叉融合，强化实践教学环节，建立提高学生解决复杂工程问题的技术性与非技术性能力，突出工程能力培养的航空综合工程实践教学体系。组建三条飞机装配线、四条发动机装配线，实现了从飞机使用用途、制造材料、动力方式三个维度的全覆盖，实现了涡喷、涡扇、涡轴、涡桨四种典型动力技术的全覆盖，有效支撑了高层次学徒制人才培养目标。

3. 校院合作打造"纵向层次化、横向模块化、整体综合化"工学交替、知行合一的教学模式

大学四年的四个阶段工学交替，每个阶段都强调促进理实一体、知行合一。第一阶段为在校文化基础、专业理论和实操基础学习阶段（前四学期）。以工程技能与工程设计训练为主，企业生产、产品制造、生产流程等相关课程的实践环节由辽宁通用航空研究院指导。第二阶段为专门技能培训阶段（第五至第六学期）。以工程认知与工程基础为主，专业理论学习在学校完成，实践课程由双导师共同指导，师傅由研究院按照一定标准考核选拔，学生由校、院、厂、基地四方共同选拔考核（比例不低于1/2），进入企业（研究院）进行"一对一、一对多"师徒帮带学习阶段。此阶段企业（研究院）通过奖学金激励学生学习。第三阶段为"一对一"企业实践阶段（第七至第八学期）。实践内容以工程综合与科技创新实践为主。三方共同签订人才培养协议，企业师傅"一对一"指导学生学习和工作，时间一般不少于六个月。该阶段企业师傅负责考核学生的学习结果，学校导师协助企业师傅全程跟踪与管理学生，校院负责共同考核企业师傅。工作本位学习阶段，学生在企业（研究院）根据专业性质有针对性地选择三个工作岗位，每个工作岗位都分派

企业师傅指导学生学习。第四阶段是选拔在岗实习阶段（第八学期）。实习内容以工程综合与科技创新实践为主，企业（研究院）负责制定考核内容及评价标准，对学生实施综合评价，学生通过考核后，方能够与企业（研究院）双向选择，签订劳动就业协议，学生成为企业（研究院）或者相关企业的正式员工，享有进入企业（研究院）工作的优先权。

4. 精心遴选合作企业，健全校企合作机制

为提高学徒制人才培养质量，遴选国内大型且专业的某飞机修理厂作为合作企业。为深入推动校企合作，学校与该厂签订校企合作协议，明确了合作的专业、招生规模、学生职业岗位面向，校企双主体育人的成本分担机制，校企双方在育人过程中的责任与权利等。为充分发挥校企双方各自在人才培养方面的优势，使学生置身于真实的生产、维修情境中，遴选校内"双师型"教师，聘请该企业能承担专业课程教学、实习实训指导以及学生职业生涯发展规划指导等教育教学任务的高级工程师担任企业师傅，组建双导师教师队伍。保证学生在企业的每个职业岗位都配备企业师傅，由企业师傅确定指导方案、岗位要求、指导和工作内容、考核标准，并评定阶段性考核成绩。学生在企业工作本位学习过程中，能够将理论知识的学习和实践操作有机结合，学以致用。

（三）主要成效

1. 人才培养质量明显提升

与普通本科学生比较，高层次学徒制学生在开放式教学模式下，能够尽快掌握航空先进技术与先进设备的使用方法，提升综合能力与现代工程实践能力，缩短了校门到企业的窗口适应期。自实施高层次学徒制以来，"一心三环"实践平台接纳1万余名学生实习，近百名学生通过产学研通道成为工程师和技术骨干。就业质量不断提升，航空企业对口就业率由17.5%升至21.5%。

2. 学生的创新创业能力得到明显提升

高层次学徒制专业重视开展各类学科竞赛，通过创新创业竞赛，培养学生的创新创业能力。各专业聘请典型的创业者、企业家等各行业优秀创新创业人才，担任创新创业课程的授课教师或指导教师，提高创新创业课程教学效果。为推动创新创业教育的开展，强化创新创业基地建设，与合作企业共建创业基金。以赛促教、以赛促学，在人才培养过程中引导、指导学生积极参加"互联网+"创新创业大赛等比赛，学生学术论文发表、专利申请、大创计划立项、省级以上科技竞赛获奖等数量明显增加，竞赛覆盖率为63.7%，获奖率为36.8%。

3. 专业建设成效明显

通过新能源飞机研制等产教融合培养"双师型"教师，校企共赢，教师工程能力稳步提高。目前，"双师型"教师占比达60%，30余位青年教师成长为行业骨干，为企业（研究院）申报高水平项目奠定了基础。教师的教学成果、论文、专利等研究成果丰富，获教育部新工科项目1项，国家一流课程、省级教学成果奖、省级教改项目、省级一流课程、省级优秀教材、省级教学名师、省级教学平台/团队、其他质量工程项目明显增多。

4. 实践链模式获得广泛推广

通过实习、培训、交流等方式，在省内的辽宁大学、沈阳工程学院、大连理工大学航天学院等20余所院校、厂所、事业单位推广应用；通过课程交流或共建实习、参观考察基地等方式，获得南昌航空大学、郑州航空工业管理学院等10余所省外同类院校的认可并合作，在省外同类高校推广；组织召开了教育部高等学校航空航天类、自动化类教学指导委员会主办的课程交流会、教学研讨会议等各类成果推广会10余次，获与会专家、教师的高度认可。

5. 社会声誉持续升高

近五年来，平台接待教育部高等学校各类教学指导委员 300 余人次、行业专家近千人次、领导考察千余人次；在各类教学研讨会议上做交流报告百余次；被中国新闻网、辽宁日报等新闻媒体报道 10 余次；获得了教育部航空航天类教学指导委员会的高度认可，指导学校与成果合作单位发起并成立"航空航天类地方高校应用型人才培养教材编委会"，推进应用型人才培养教材建设工作，已出版推荐教材 4 部。

（四）主要经验

1. 以学习产出为导向优化人才培养模式

基于学习产出的教育理念，围绕专业集群，根据航空航天行业、智能制造产业发展实际，重新梳理专业集群的知识体系、技术路线、工程实际，总结技术路径和工程路径，探索人才培养规律，把生产过程实际案例、最新技术、最新装备技术要求等编入教材，引进课堂，融入实验室、实训间。以成果为导向，按照企业真实项目进一步优化实验、课程设计、实习实训教学体系，切实提高了综合性、设计性及创新性实践环节比例及实践教学效果。

2. 校、院、厂、基地四方深入实践教学合作

充分发挥学校和辽宁通用航空研究院、锐翔通用航空制造公司、民航维修 147 培训基地在人才培养方面的优势，使学生置身于真实的生产、维修情境中。学生实习的每个职业工作岗位都配备企业师傅，由企业师傅确定指导方案、岗位要求、指导和工作内容、考核标准，并评定阶段性考核成绩。通过四方紧密合作，加大了学生在研究院、制造公司各部门进行轮岗实训的力度，通过校企协同育人，学生充分接受研究院和企业的双重文化熏陶，得到全方位的培养和锻炼，提升了综合职业能力。

3.依托项目实施以学生为主体的教学模式

打破学科专业壁垒和学用转化的瓶颈,发挥项目的载体作用,引导实施以学生为中心的合作式、参与式教学模式。学校引导教师实施项目教学法、案例教学法以及任务驱动、目标导向、学做结合等多种形式的教学方法。紧密对接行业企业生产一线实际,推动采用"嵌入式"教学模式,将企业员工培训内容有机嵌入教学过程,提高课程教学的应用性以及考核评价的可操作性。

附录

附录1 高层次学徒制工作流程示例

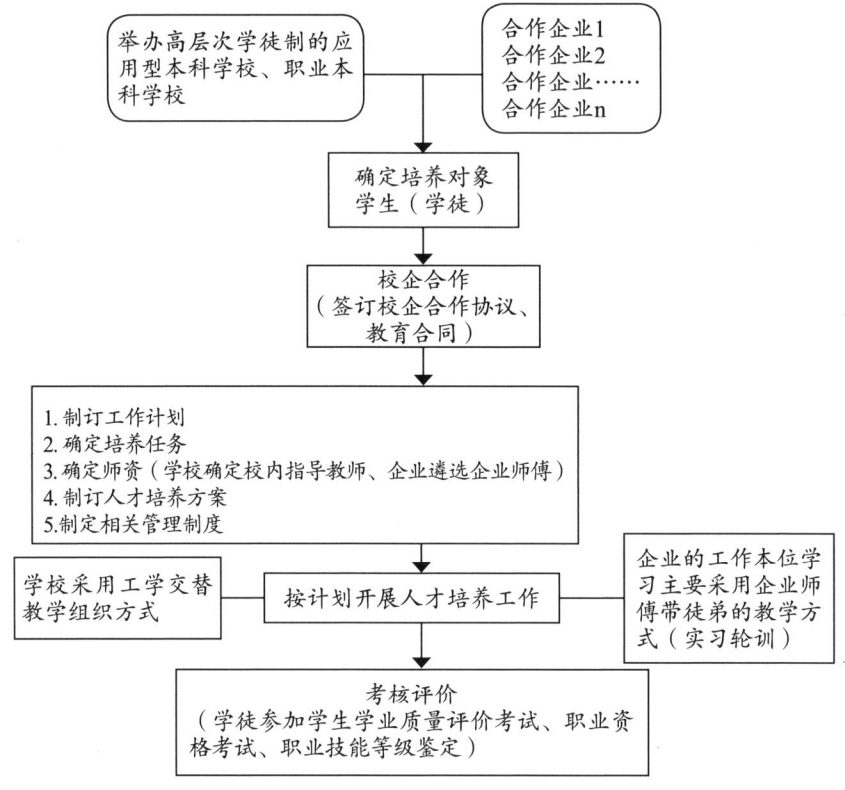

附录2 职业学校学生岗位实习三方协议（示范文本）

甲方（学校）：　　　　　　　　乙方（实习单位）：
通讯地址：　　　　　　　　　　通讯地址：
联系人：　　　　　　　　　　　联系人：
联系电话：　　　　　　　　　　联系电话：
丙方（学生）：
身份证号：
家庭住址：
联系电话：

为规范和加强职业学校学生岗位实习工作，提升技术技能人才培养质量，维护学生、学校和实习单位的合法权益，根据国家相关法律法规及《职业学校学生实习管理规定》（2021年修订），甲方拟安排_____级_____学院（系、部）_____专业学生（丙方）赴乙方进行岗位实习。为明确甲、乙、丙三方权利和义务，经三方协商一致，签订本协议。

一、基本信息

1. 实习项目（甲方填写）：_____　2. 实习岗位（乙方填

写）：_____ 3.实习地点：_____ 4.实习时间：____年____月____日—____年____月____日

5.工作时间：_____

6.实习报酬

报酬金额：_____

支付方式：_____

支付时间：_____

7.食宿条件

就餐条件：_____

住宿条件：_____

8.甲方实习指导教师：_____ 联系电话：_____

9.乙方实习指导人员：_____ 联系电话：_____

二、甲方权利与义务

1.负责联系乙方，并审核乙方实习资质及条件，确保乙方符合实习要求，提供的实习岗位符合专业培养目标要求，与学生所学专业对口或相近。不得安排丙方跨专业大类实习，不得仅安排丙方从事简单重复劳动。

2.根据人才培养方案，会同乙方制订实习方案，明确岗位要求、实习目标、实习任务、实习标准、必要的实习准备和考核要求、实施实习的保障措施等，并向丙方下达实习任务。

3.会同乙方制定丙方实习工作管理办法和安全管理规定、丙方实习安全及突发事件应急预案等制度性文件，对实习工作和丙方实习过程进行监管，并提供相应的服务。

4. 为丙方投保实习责任保险，责任保险范围应覆盖实习活动的全过程，包括丙方实习期间遭受意外事故及由于被保险人疏忽或过失导致的丙方人身伤亡，被保险人依法应当承担的赔偿责任以及相关法律费用等。丙方在实习期间受到人身伤害，属于保险赔付范围的，由承保保险公司按保险合同赔付标准进行赔付；不属于保险赔付范围或者超出保险赔付额度的部分，由乙方、甲方、丙方承担相应责任。甲方有义务协助丙方向侵权人主张权利。投保费用不得向丙方另行收取或从丙方实习报酬中抵扣。

5. 依法保障实习学生的基本权利，不得有以下情形：

（1）安排一年级在校丙方进行岗位实习；

（2）安排实习的女学生从事《女职工劳动保护特别规定》中禁忌从事的劳动；

（3）安排丙方到酒吧、夜总会、歌厅、洗浴中心、电子游戏厅、网吧等营业性娱乐场所实习；

（4）通过中介机构或有偿代理组织、安排和管理学生实习工作；

（5）安排丙方从事Ⅲ级强度以上体力劳动或其他有害身心健康的实习；

（6）安排丙方从事法律法规禁止的其他活动。

6. 除相关专业和实习岗位有特殊要求，并事先报上级主管部门备案的实习安排外，应当保障丙方在岗位实习期间按规定享有休息休假、获得劳动卫生安全保护、接受职业技能指导等权利，并不得有以下情形：

（1）安排丙方从事高空、井下、放射性、有毒、易燃易爆，以及其他具有较高安全风险的实习；

（2）安排丙方在休息日、法定节假日实习；

（3）安排丙方加班和上夜班。

7. 不得向丙方收取实习押金、培训费、实习报酬提成、管理费、实习材料费、就业服务费或者其他形式的实习费用，不得扣押丙方的学生证、居民身份证或其他证件，不得要求丙方提供担保或者以其他名义收取丙方财物。

8. 为丙方选派合格的实习指导教师，负责丙方实习期间的业务指导、日常巡查和管理工作；开展实习前培训，使丙方和实习指导教师熟悉各实习阶段的任务和要求。对丙方做好思想政治、安全生产、道德法纪、工匠精神、心理健康等相关方面的教育。

9. 督促实习指导教师随时与乙方实习指导人员联系并了解丙方情况，共同管理，全程指导，做好巡查，并配合乙方做好丙方的日常管理和考核鉴定工作，及时报告并处理实习中发现的问题。

10. 实习期间，对丙方发生的有关实习问题与乙方协商解决；发生突发应急事件的，会同乙方按安全及突发事件应急预案及时处置。

11. 实习期满，根据丙方的实习报告、乙方对丙方的实习鉴定和甲方实习评价意见，综合评定丙方的实习成绩。

12. 公布热线电话（邮箱），对各方的咨询及时回复，对反映的问题按管理权限和职责分工组织进行整改。

热线电话：_____ 邮箱：_____。

13. 甲方对违反规章制度、实习纪律、实习考勤考核要求以及本协议其他规定的丙方进行思想教育，对丙方违规行为依照甲方规章制度和有关规定进行处理。对违规情节严重的，经甲乙双方研究后，由甲方给予丙方纪律处分。给乙方造成财产损失的，丙方依法承担相应责任。

14. 组织做好丙方实习工作的立卷归档工作。实习材料包括：（1）实习三方协议；（2）实习方案；（3）学生实习报告；（4）学生实习考核结果；（5）学生实习日志；（6）实习检查记录；（7）学生实习总结；（8）有关佐证材料（如照片、音视频等）等。

三、乙方权利与义务

1. 向甲方提供真实有效的单位资质、诚信状况、管理水平、实习岗位性质和内容、工作时间、工作环境、生活环境,以及健康保障、安全防护等方面的材料。

2. 严格执行国家及地方安全生产和职业卫生有关规定,会同甲方制定安全生产事故应急预案,保障丙方实习期间的人身安全和身体健康。协助甲方制定丙方岗位实习方案,保障丙方的实习质量。

3. 定期向甲方通报丙方实习情况,遇重大问题或突发事件应立即通报甲方,并按照应急预案及时处置。

4. 甲乙双方经协商,可以由乙方为丙方投保实习责任保险。责任保险范围应覆盖实习活动的全过程,包括丙方实习期间遭受意外事故及由于被保险人疏忽或过失导致的丙方人身伤亡,被保险人依法应当承担的赔偿责任以及相关法律费用等。丙方在实习期间受到人身伤害,属于保险赔付范围的,由承保保险公司按保险合同赔付标准进行赔付;不属于保险赔付范围或者超出保险赔付额度的部分,由乙方、甲方、丙方依法承担相应责任。乙方会同甲方做好丙方及其法定监护人(或家长)等善后工作。乙方有义务协助丙方向侵权人主张权利。投保费用不得向丙方另行收取或从丙方实习报酬中抵扣。

5. 按照本协议规定的时间和岗位为丙方提供实习机会,所安排的工作要符合法律规定且不损害丙方身心健康;不得仅安排丙方从事简单重复劳动。为丙方提供劳动保护和劳动安全、卫生、职业病危害防护条件。落实法律规定的反性骚扰制度,不得体罚、侮辱、骚扰丙方,保护丙方的人格权等合法权益。

6. 依法保障实习学生的基本权利,不得有以下情形:

(1)接收一年级在校丙方进行岗位实习;

（2）安排实习的女学生从事《女职工劳动保护特别规定》中禁忌从事的劳动；

（3）安排丙方到酒吧、夜总会、歌厅、洗浴中心、电子游戏厅、网吧等营业性娱乐场所实习；

（3）通过中介机构或有偿代理组织、安排和管理学生实习工作；

（5）安排丙方从事Ⅲ级强度以上体力劳动或其他有害身心健康的实习；

（6）安排丙方从事法律法规禁止的其他活动。

7. 除相关专业和实习岗位有特殊要求，并事先报上级主管部门备案的实习安排外，应当保障丙方在岗位实习期间按规定享有休息休假、获得劳动卫生安全保护、接受职业技能指导等权利，并不得有以下情形：

（1）安排丙方从事高空、井下、放射性、有毒、易燃易爆，以及其他具有较高安全风险的实习；

（2）安排丙方在休息日、法定节假日实习；

（3）安排丙方加班和上夜班。

8. 实习期间，如为丙方提供统一住宿，应为其建立住宿管理制度和请销假制度。如不为丙方提供统一住宿，应知会甲方并督促丙方办理相应手续。

9. 不得向丙方收取实习押金、培训费、实习报酬提成、管理费、实习材料费、就业服务费或者其他形式的实习费用，不得扣押丙方的学生证、居民身份证或其他证件，不得要求丙方提供担保或者以其他名义收取丙方财物。

10. 会同甲方对丙方加强思想政治、安全生产、道德法纪、工匠精神、心理健康等方面的教育。对丙方进行安全防护知识、岗位操作规程等教育培训并进行考核，如实记录教育培训情况。不得安排未经教育培训和未通过岗前培训考核的丙方参加实习。

11. 乙方安排合格的专业人员对丙方实习进行指导，并对丙方在实习期间进行管理。

12. 乙方根据本单位相同岗位的报酬标准和丙方的工作量、工作强度、工作时间等因素，给予丙方适当的实习报酬。丙方在实习岗位相对独立参与实际工作、初步具备实践岗位独立工作能力的，合理确定实习期间的报酬，并以货币形式按月及时、足额、直接支付给丙方，支付周期不得超过 1 个月，不得以物品或代金券等代替货币支付或经过其他方转发。不满 1 个月的按实际岗位实习天数乘以日均报酬标准计发。

13. 在实习结束时根据实习情况对丙方作出实习考核鉴定。

四、丙方权利与义务

1. 遵守国家法律法规，恪守甲乙双方安全、生产、纪律等各项管理规定，提高自我保护意识，注重人身、财物及交通安全，保护好个人信息，预防网络、电话、传销等诈骗。严禁涉黄、涉赌、涉毒、酗酒，严禁到违禁水域游泳或参与等其他危险活动，严禁乘坐非法营运车辆等。

2. 遵守甲乙双方的实习要求、规章制度、实习纪律及实习三方协议，认真实习，完成实习方案规定的实习任务，撰写实习日志，并在实习结束时提交实习报告；不得擅自离岗、消极怠工、无故拒绝实习，不得擅自离开实习单位。

3. 若违反规章制度、实习纪律以及实习三方协议，应接受相应的纪律处分；给乙方造成财产损失的，依法承担相应责任。

4. 如不在统一安排的宿舍住宿，须向甲乙双方提出书面申请，经丙方法定监护人（或家长）签字同意，甲乙双方备案后方可办理。

6. 实习期间，丙方因特殊情况确需中途离开或终止实习的，应提前七日向甲乙双方提出申请，并提供法定监护人（或家长）书面同意材料，经甲乙双方同意，并办妥离岗相关手续后方可离开。

7. 严格按照乙方安全规程和操作规范开展工作，爱护乙方设施设备，有安全风险的操作必须在乙方专门人员指导下进行。保守乙方的商业、技术秘密，保证在实习期间及实习结束后不向任何第三方透露相关的资料和信息。

8. 个人权益受到侵犯时，应及时向甲乙双方投诉。丙方认为乙方安排的工作内容违反法律或相关规定的，应立即告知甲方，并由甲方协调处理。

9. 实习期间，丙方发生人身等伤害事故的，有依法获得赔偿的权利。属于保险赔付范围的，由承保保险公司按保险合同赔付标准进行赔付；不属于保险赔付范围或者超出保险赔付额度的部分，由乙方、甲方、丙方依法承担相应责任。

五、协议解除

1. 经甲、乙、丙三方协商一致，可以解除协议，并以书面形式确认。
2. 有以下情形之一的，可以解除本协议：
（1）因不可抗力致使协议不能履行；
（2）甲方因教学计划发生重大调整，确实无法开展岗位实习的，至少提前十个工作日以书面形式向乙方提出终止实习要求，并通知丙方；
（3）乙方遇重大生产调整，确实无法继续接受丙方实习的，至少提前十个工作日以书面形式向甲方提出终止实习要求，并通知丙方；
（4）法律法规及有关政策规定的其他可以解除协议的情形的。
3. 有以下情形之一的，无过错的一方有权解除协议，并及时以书面形式通知其他两方：
（1）甲方未履行对实习工作和丙方的管理职责，影响乙方正常生产经营的，经协商未达成一致的；

（2）乙方未履行协议约定的实习岗位、报酬、劳动时间等条件和管理职责的，经协商未达成一致的；

（3）丙方严重违反乙方规章制度，或丙方严重失职，给乙方造成人员伤亡、设备重大损坏以及其他重大损害的；

（4）法律法规作出的相关禁止性规定的情形的。

六、附则

1. 本协议一式＿＿＿份，甲、乙、丙三方各执＿＿＿份，具有同等法律效力。

2. 任何一方未经其他两方同意不可随意终止本协议，任何一方有违约行为，均须承担违约责任。

3. 有关本协议的其他未尽事宜，由甲、乙、丙三方协商解决并签署书面文件予以确认。协商不成的，任何一方当事人有权向所在地人民法院提起诉讼。

4. 本协议自签字（盖章）之日起生效，至约定实习期届满或丙方实习结束时终止。

5. 甲、乙、丙任何一方通讯地址（联系方式）等与丙方实习相关的重大信息发生变更的应及时通知其他两方，否则，由此产生的一切不利后果自行承担；给其他两方造成损失的，应承担相应的法律责任。

6. 本协议条款中涉及《职业学校学生实习管理规定（2021年修订）》中规定的原则上"不得"的，如实习因特殊要求存在不履行的可能，甲、乙、丙三方需事先协商一致、签订同意书，并报上级主管部门备案同意后，在不违反法律规定的条件下，方可实施，不视为违约。

7. 如丙方集体签订协议，需由丙方代表签字，其他所有丙方需签订相应委托书，并作为本协议的附件。丙方代表在签字前，应将协议文本内容提前告知每一位参加岗位实习的学生（丙方）及其法定监护人（或家长），并在签署后将协议副本交每一位参加岗位实习的学生（丙方）。

8. 其他事项：_____

甲方：（学校盖章）　　　　　乙方：（实习单位盖章）

法定代表人（签字）：　　　　法定代表人（签字）：

　　年　　月　　日　　　　　　年　　月　　日

丙方：（签字）

　　年　　月　　日

附录3 专业社会需求调查问卷模板

问卷编号：□□□□

×××专业用人单位调查问卷

数据收集声明：该调查问卷是×××学院为合理准确制订高层次学徒制×××专业人才培养方案开展的调查。收集的数据信息仅用于人才培养，并对贵企业情况严加保密。您所提供的信息，会用于提升未来进入贵企业工作的毕业生的素质，确保未来毕业生的知识、能力和素养能够适应未来行业变化，将尤为重要。非常感谢您的合作！

A：企业基本情况

A1	企业名称	
A2	企业地址	
A3	受访者姓名（人力资源部门经理和技术负责人）	
A4	联系电话	
A5	企业规模（请选择——单选）	（0~50人）——1 （51~300人）——2 （300人以上）——3 （　　　　　）

续表

A6	企业所有制类型（请选择——单选）	国有——1 私有——2 外资（含港澳台）——3 合资——4 其他（请说明）——5　（　　　　）
A7	企业主营产品或业务	

A8：相对于竞争对手的同行业，您认为贵企业发展水平如何？（在表格下面选填）

SN	发展水平	完全同意	比较同意	部分同意	不太同意	不同意
A8.1	我们企业生产（开发）的同类×××产品具有更强的吸引力和更高的品质					
A8.2	我们企业生产（开发）的同类×××产品的成本更低且能迅速响应市场的新需求					
A8.3	我们在全国都有较高的知名度					
A8.4	我们的管理比同类企业更高效					
其他优势						

A9：贵企业下一年招聘应用型本科学校/职业本科学校×××专业毕业生计划，请在下表中列出（预估）招聘毕业生的数量。

招聘类型	女性	男性	总计
应用型本科学校/职业本科学校×××专业毕业生			
下一年不会招收任何应届生			

B1：贵企业日常经营中会雇用×××专业本科毕业生从事的主要职业包括哪些？（请选择三种最主要的职业并排序，1为最重要，2为比较重要，3是一般重要）

职业类型	排序
①	
②	
③	
④	
⑤	
⑥	
⑦	
⑧	
⑨	
⑩	

B2：对于现有的毕业于本科院校×××专业的员工或在新招聘本科院校×××专业毕业生时，贵企业还期望他们具备哪些目前还没具有的知识和能力？（请针对B1问题中所列前三种最主要的职业来回答）

SN	还需具备的知识与技能	B1 中所列的前三种最主要的职业		
		职业 1	职业 2	职业 3
B2.1	更好的与该职业相关的理论知识			
B2.2	更好的与该职业相关的实操技能			
B2.3	更好的语言表达能力			
B2.4	更好的读写能力			
B2.5	更好的数学能力			
B2.6	更好的计算机运用能力			
B2.7	更好的英语能力			
B2.8	更好的解决问题能力			
B2.9	更好的团队合作能力			
B2.10	更好的沟通交流能力			
B2.11	更好的组织能力			
B2.12	更好的工作习惯和工作态度			
B2.13	更好的职业素质与职业道德			
B2.14	更好的职业认知与职业理想			
B2.15	其他能力			

B3：贵公司聘用的本科院校×××专业的毕业生主要从事以下工作岗位上的典型工作任务是什么？

B3.1	×××工作岗位（请选择——可多选）	1. 2. 3. 4. 5. 6.
B3.2	×××工作岗位（请选择——可多选）	1. 2. 3. 4. 5. 6.
B3.3	×××工作岗位（请选择——可多选）	1. 2. 3. 4. 5. 6.
B3.4	×××工作岗位（请选择——可多选）	1. 2. 3. 4. 5. 6.
B3.5	×××工作岗位（请选择——可多选）	1. 2. 3. 4. 5. 6.

B4：目前贵企业毕业于本科院校的员工数百分比是多少？

| B4 | 本科院校员工数百分比 | |

C1：对于贵企业与该专业相关的任何职业，每年会聘用的本科毕业生数量是多少？

| C1.1 | 聘用本科毕业生数量（请选择——单选） | (1~10人)——1
(11~20人)——2
(21~30人)——3
31人以上——4
(　　　) |

C2：校企融合

| C2.1 | 目前贵企业已经与本科院校开展以下哪些合作？（请选择——可多选） | 为学生提供实习机会——1
为教师提供实践机会——2
参与人才培养方案设计与实施——3
委托学校进行员工培训——4
与学校联合实施订单培养——5
为学校提供兼职教师——6
与学校联合科技攻关解决技术难题、技术咨询——7
企业为学校提供技术支持——8
企业为学校师生做专题讲座——9
暂时没有建立任何合作关系——10 |

续表

C2.2	未来贵企业愿意与本科院校开展哪些方面的合作？（请选择——可多选）	为学生提供实习机会——1 为教师提供实践机会——2 参与人才培养方案设计与实施——3 委托学校进行员工培训——4 与学校联合实施订单培养——5 为学校提供兼职教师——6 与学校联合科技攻关解决技术难题、技术咨询——7 企业为学校提供技术支持——8 企业为学校师生做专题讲座——9 暂时没有建立任何合作关系——10 （　　　　　　　　　） 其他 _____

D1. 从业务工作来看，您认为本科教育阶段×××专业的毕业生在工作中需要具有哪些关键知识？（列表中没有涉及的，可自行添加）

知识	非常需要	比较需要	一般	不太需要	不需要

续表

知识	非常需要	比较需要	一般	不太需要	不需要

D2. 从业务工作来看，您认为本科×××专业的毕业生在工作中需要哪些能力？（列表中没有涉及的，可自行添加）

能力	非常需要	比较需要	一般	不太需要	不需要

续表

能力	非常需要	比较需要	一般	不太需要	不需要

D3. 您认为本科×××专业毕业生在工作中需要哪些素养？（列表中没有涉及的，可自行添加）

素养	非常需要	比较需要	一般	不太需要	不需要

续表

素养	非常需要	比较需要	一般	不太需要	不需要

再次感谢您的配合，祝您生活愉快！

问卷编号：□□□□

×××专业毕业生问卷调查

亲爱的校友：

您好！为了了解和掌握您毕业后的工作情况，以及社会对×××专业人才的需求与标准，听取您对学校人才培养工作的意见和建议，推进教育教学改革，提高教育质量和办学水平，我们设计了这份调查问卷，希望您依照自身的实际情况认真填写，谢谢合作！本次调研不涉及任何商业用途，对于您填写的全部资料，我们承诺严格保密！

一、个人基本信息

1. 性　别：

2. 年　龄：

3. 工作年限：

4. 现工作单位：

5. 现从事的工作岗位：

6. 您目前的工作与您所学专业相关吗？

A. 相关　　B. 不相关

如果"相关"请直接跳到第 8 题；如果"不相关"请回答第 7 题，并且回答完毕后直接"发送"问卷，调研完毕。

7. 您选择从事与专业无关的工作的原因是什么？（请选择与您情况最相符的一个选项）

A. 在专业相关领域找不到工作

B. 与专业相关领域的工作待遇低、条件艰苦

C. 不能胜任与专业相关领域的工作，主要原因是：

　a）专业实践能力欠缺，动手能力差

　b）专业理论知识陈旧，不能满足工作需要

　c）跨专业能力不足（如与人沟通能力、团队合作能力等）

　d）其他原因（请说明）：

D. 个人原因，与所学专业和课程无关

二、问卷部分

8. 您目前工作单位的性质是什么？（　　）

A. 国有企业　　B. 事业单位　　C. 私营企业

D. 中外合资　　E. 自主创业　　F. 其他（请说明）

9. 您目前工作单位的规模如何？（　　）

A. 20 人以下　　B. 21~50 人　　C. 51~100 人

D. 101~200 人　　　E. 201~500 人　　　F. 501~1000 人

G. 1001 人以上

10. 您目前工作岗位属于（　　）。

A. 高层管理人员　　　　　B. 中层管理人员　　C. 基层管理人员

D. 生产一线技术人员　　　E. 行政人员　　　　F. 产品研发/开发人员

G. 运营人员　　　H. 其他（请说明）

11. 您毕业后更换过几次工作单位？（　　）

A. 没变过（请接着第 13 题回答）　　B. 变过 1 次　　　C. 变过 2 次

D. 变过 3 次以上

12. 若您有过变换工作的经历，则原因是（　　）。（多选题）

A. 专业不对口　　　B. 收入太低　　　　C. 工作太累，压力大

D. 无稳定感　　　　E. 人际关系紧张　　F. 无发展前途

G. 业务能力跟不上　H. 工作地点不好　　I. 单位裁员

J. 其他（请说明）

13. 刚参加工作时，您感到以下哪方面还需要进一步加强？（最多选三项并排序）

A. 适应环境的能力　　B. 专业技术与技能　　C. 专业理论知识

D. 普通文化知识　　　E. 敬业精神和责任心　F. 独立工作的能力

G. 人际交往的能力　　H. 其他（请说明）

14. 您认为在工作中下列专业知识的需要程度如何？

知识	非常需要	比较需要	一般	不太需要	不需要

续表

知识	非常需要	比较需要	一般	不太需要	不需要

15. 您认为在工作中下列专业能力的需要程度如何？

专业能力	非常需要	比较需要	一般	不太需要	不需要

16. 工作中您觉得下列素养的需要程度如何？（列表中没有涉及的"素养"，可自行添加。）

素养	非常需要	比较需要	一般	不太需要	不需要

17. 在下列表述中哪一条最贴近您的想法？

	非常符合	比较符合	一般	不太符合	不符合
学校的课程内容陈旧、落后，缺乏新技术、新知识					
学校讲授的专业理论，与企业实际工作中需要的专业知识相脱节					
学校的实践教学与企业真实的工作情境缺乏联系					
学校的专业学习能够帮助我解决企业中的工作任务与问题					

18. 如果再给您一次机会回学校读书，您希望能弥补哪些不足？（选三项，并排序）

    A. 专业知识　　B. 文化素养　　C. 身体素质

    D. 实践技能　　E. 社交能力　　F. 领导组织能力

    G. 其他（请说明）

19. 在提高人才培养质量方面，您认为学校应该加强哪些方面？（最多选三项并排序，1 为最需要加强的方面，2 为比较需要加强的方面，3 为需要加强的方面）

    A. 提高专业教师的实操能力　　B. 改革教学方法

    C. 加强教学内容与职业世界的联系　　D. 开发丰富多样的学习资料

    E. 改革教学评价方法　　F. 加强校内实训基地建设

    G. 加强校外顶岗实习管理　　H. 加强与企业合作

    I. 加强综合教学改革　　J. 加强学生实践能力培养

    K. 其他（请说明）

20. 您对×××专业的课程与教学改革还有哪些意见和建议？

_____

_____

再次感谢您的配合，祝您生活愉快！

附录 4　职业分析模板

工作领域（工作岗位）	典型工作任务	具体工作任务	能力标准		
			知识	能力	素养

续表

工作领域（工作岗位）	典型工作任务	具体工作任务	能力标准		
			知识	能力	素养

附录5 人才培养方案模板

××××专业人才×××培养方案

一、专业基本信息

专业代码：

专业名称：

二、入学要求

三、学制与学位

基本学制：四年

修业年限：三至八年

授予学位：

四、职业面向

本专业适应经济社会发展对××人才的需要，面向××企业及其他各类企事业单位的××部门，培养从事××工作的高素质技术技能人才。具体职业面向如表1所示。

表1　××××专业职业面向

所属专业类	对应行业	主要职业类	主要岗位（群）或技术领域举例	职业技能等级证书举例

五、培养目标与培养规格

（一）培养目标

培养目标应根据学生毕业五年左右能够具备的综合职业能力和能够达到的职业成就进行分项具体描述。

本专业培养能够践行社会主义核心价值观，德、智、体、美、劳全面发展，具有良好的人文素养、职业道德和精益求精的工匠精神，掌握较为系统的××基础理论知识和技术技能，具备××能力，具有一定的创新创业能力，具有较强的就业能力和可持续发展能力，面向××行业的××职业群（或技术领域），从事××工作的具有社会责任感、创新精神、国际视野和较强实践能力的高素质技术技能人才。

（二）培养规格

培养规格是培养目标的具体化，由知识、能力和素养三方面的要求组成。

本专业学生应在系统学习本专业知识并完成有关实习实训基础上，全面提升知识、能力和素养，掌握并实际运用职业（群）需要的专业核心技术技能，总体上须达到以下要求。

1. 知识

（1）

（2）

（3）

……

2. 能力

（1）

（2）

（3）

……

3. 素养

（1）

（2）

（3）

……

六、职业分析与职业能力标准

表2 ××××专业职业能力标准

职业（岗位）	典型工作任务	职业能力标准
……		

七、专业人才培养模式与专业特色

（一）实施工学交替的一体化人才培养模式

这里要说清楚本专业的工学交替是如何安排的。

（二）专业特色

八、课程结构与课程设置

（一）课程结构

1.课程结构示意图（各类模块的划分可以有本校的特色，根据实际情况具体命名）

本专业课程由公共基础课程模块、专业基础课程模块、专业核心课程模块和专业拓展课程模块和企业实践课程模块（必需的模块）所构成。

公共基础课程模块旨在培养学生……，主要包括×××、×××、……课程。

专业基础课程模块旨在培养学生……，主要包括×××、×××、……课程。

专业核心课程模块旨在培养学生……，主要包括×××、×××、……课程。

专业拓展课程模块旨在培养学生……，主要包括×××、×××、……课程。

企业实践课程模块旨在培养学生……，主要包括×××、×××、……课程。

2.学时结构

表3　××××专业学时结构表

课程类别	公共基础课程	专业基础课程	专业核心课程	专业拓展课程	企业实践课程		合计
					校内	企业	
理论学时							
实践学时							
总学时							
实践学时占总学时的比例（%）							

3.学分结构

表4 ×××学分结构表

课程类别	公共基础课程	专业基础课程	专业核心课程	专业拓展课程	企业实践课程		合计
					校内	企业	
学分							
占比（%）							

（二）课程设置与要求

这里的课程类别划分要与前面的课程结构中对课程模块的划分相一致。

1.公共基础课程设置与要求

序号	课程名称	课程性质与地位	课程目标	主要教学内容与要求	学时	学分
1						
2						
3						
…						

2.专业基础课程设置与要求

序号	课程名称	课程性质与地位	课程目标	主要教学内容与要求	学时	学分
1						
2						
3						
…						

3. 专业核心课程设置与要求

序号	课程名称	课程性质与地位	课程目标	主要教学内容与要求	学时	学分
1						
2						
3						
…						

4. 专业拓展课程设置与要求

序号	课程名称	课程性质与地位	课程目标	主要教学内容与要求	学时	学分
1						
2						
3						
…						

5. 企业实践课程设置与要求（必需的内容）

序号	课程名称	课程性质与地位	课程目标	主要教学内容与要求	学时	学分
1						
2						
3						
…						

九、教学进程安排与学时分配（各学校可依据自身特色进行填写）

（一）专业教学进程安排总表

（二）教学计划进程安排表

（三）专业实践教学进程安排表

1. 课程实验教学进程表

序号	课程代码	课程名称	开设学期	实验学时
1				
2				
3				
…				
合计				

2. 企业实践教学安排进程表（必备内容）

序号	代码	企业课程（项目）名称	开设学期	学分	实验学时
1					
2					
3					
…					
合计					

3. 其他集中实践环节教学进程表

序号	环节类别	集中实践环节名称	学分	周数	开设学期
1					
2					
3					
…					
合计					

十、专业办学基本条件

（一）师资配备及素质要求

1. 教学团队的结构要求
2. 专业带头人的基本要求
3. 专任教师的配置与基本要求
4. 企业师傅的配置与基本要求（必需的内容）

（二）实训条件与配置要求

1. 校内实训条件与配置要求

要有一段文字描述。

校内实训基地配置一览表

序号	实验室（基地）名称	承担实训项目	主要设备配置
1			
2			
3			
…			

2. 合作企业实习基地基本要求（必需的内容）

要有一段文字描述。

合作企业实习岗位及实习内容一览表

合作企业名称	工作岗位名称	主要实践项目（内容）	备注
……			

（三）教学资源条件

1. 教材选用的基本要求

2. 校本教材编写基本要求

3. 信息化资源配置基本要求

十一、毕业要求

本专业学生毕业时应达到学校对本科生提出的德智体美劳全面发展的要求，毕业要求包括：

（1）所修课程考核合格，总修读学分不少于××学分。

（2）至少获得一张职业技能等级证书或职业资格证书。

……

附录6 教学设计模板

基于学习分析的项目教学设计模型

阶段	项目教学过程		学生学的活动	教师教的活动
1	项目引入	项目描述	A. 理解项目的整体内容，建立工作场所中该项目的实际概念 B. 理解该项目要达到的学习目标	A. 展示项目范例 B. 描述性讲解项目内容、结果形态与质量要求 C. 解释性讲解该项目要达到的学习目标
		知识准备	A. 识记并理解与该项目相关的基本概念与工作程序	A. 解释性讲解项目实施所涉及的基本概念与整体工作程序
		任务定位（可结合"步骤1"进行）	A. 观察并理解尝试任务完成的程序、方法与质量要求 B. 通过尝试完成任务，准确理解自己要完成项目中的具体任务，并进入工作角色	A. 展示尝试任务的范例 B. 描述性讲解尝试任务的内容、质量要求与工作方法 C. 示范尝试任务的完成过程与操作方法 D. 逐一指导学生完成尝试任务，判断其任务完成质量，严格纠正存在的错误 E. 归纳性讲解尝试任务完成过程中存在的共性问题 F. 确认所有学生均在行动层面理解了任务，并进入了工作者角色

续表

阶段	项目教学过程		学生学的活动	教师教的活动
2	项目实施	项目实施：步骤1	A. 观察、识记与理解完成该步骤的程序、方法与质量要求	A. 展示该步骤要完成的任务的范例 B. 描述性讲解该任务的内容、工作方法与诀窍
		项目实施：步骤2	B. 按照任务指导书，运用工具、设备、材料等，按质量要求完成该步骤的任务，获得工作成果，形成操作能力	C. 示范该步骤的完成过程与操作方法 D. 逐一指导学生完成任务，判断其质量，严格纠正存在的错误
		项目实施：步骤……	C. 在任务实施的基础上进一步理解该步骤的操作方法与质量要求 D. 理解与该任务相关的复杂概念与工作原理	E. 归纳性讲解任务完成过程中存在的共性问题 F. 在任务完成基础上，规定性讲解要求学生发展的团队合作意识、质量意识、成本意识、效率意识、安全意识等职业素养，通过对人物完成过程的观察，判断学生职业素养的发展状态
		项目实施：步骤N	E. 结合任务，自觉发展团队合作意识、质量意识、成本意识、效率意识、安全意识等职业素养	G. 在任务完成基础上，解释性讲解与该任务相关的复杂概念与工作原理 H. 展示与评价阶段成果，激发学生进一步完成任务的愿望
3	项目总结	项目展示与总体评价	A. 协助教师完成最终作品展示 B. 通过对他人最终作品的优点与不足的评价，增进对作品质量的理解	A. 组织学生展示各组或个人的最终作品 B. 组织学生对最终作品进行互评，通过发现他人的问题增进学生对质量的理解
		项目学习小结	A. 积极归纳通过该项目所取得的学习成果	A. 引导学生自我归纳通过该项目所取得的新的学习成果

附录 7　企业基本信息表

企业基本信息				
企业名称				
组织机构代码		成立日期		
法定代表人姓名		身份证号		
企业类型		职工人数		
企业工作本位学习负责人信息	姓　　名			
	办公电话			
	手机号码			
	电子邮箱			
企业地址				
企业工作本位学习安排情况	（重点说明企业工作本位学习的主要内容、场地及其管理人员等）			

续表

企业技术技能人才队伍建设情况	（简要介绍企业人才发展规划、技术技能人才比例结构、技术技能人才激励制度、岗位考核办法、绩效管理情况等）
企业师傅情况	

续表

学徒考核标准	

附录 8　企业培训计划

×××××专业高层次学徒制企业培训计划

	Sep（9月）	Oct（10月）	Nov（11月）	Dec（12月）	Jan（1月）	Feb（2月）	Mar（3月）	Apr（4月）	May（5月）	Jun（6月）	Jun（7月）
	×Year										
第一年	第×周~第×周 在学校××实习				寒假		第×周~第×周 在学校××实习		第×周~第×周 企业培养		
	×Year										
第二年	第×周~第×周 实习内容		第×周~第×周 在学校××实习		寒假		第×周~第×周 企业培养				
	×Year										
第三年	第×周~第×周 在学校××实习				寒假		第×周~第×周 企业培养		第×周~第×周 企业培养		
	×Year										
第四年	第×周~第×周 顶岗实习				寒假		第×周~第×周 毕业综合项目设计		成绩评定，上报		发证，6月中旬毕业典礼

参考文献

一、中文文献

[1][澳]史蒂芬·比利特.工作场所学习:有效实践的策略[M].欧阳忠明,等译.南昌:江西人民出版社,2017.

[2][美]瑞泽,邓普西.教学设计和技术的趋势与问题(第二版)[M].王为杰,等译.上海:华东师范大学出版社,2008.

[3][美]韦恩·K.霍伊,塞西尔·G.米斯克尔.教育管理学:理论·研究·实践(第7版)[M].范国睿,主译.北京:教育科学出版社,2007.

[4][英]瑞恩博德,等.情境中的工作场所学习[M].匡瑛,译,北京:外语教学与研究出版社,2011.

[5]陈家刚.认知学徒制理论与实践[M].上海:华东师范大学出版社,2017.

[6]陈沛.管理培训的实践与探索[M].北京:中国铁道出版社,2021.

[7]邓泽民.职业教育教学设计[M].北京:中国铁道出版社,2016.

[8]冯文全,冷泽兵,卢清.教育学[M].成都:电子科技大学出版社,

1996.

［9］高有华.高等教育课程理论新探［M］.镇江：江苏大学出版社，2010.

［10］关晶.职业教育现代学徒制的比较与借鉴［M］.长沙：湖南师范大学出版社，2016.

［11］广东省教育研究院.现代学徒制专业教学标准和课程标准开发指南［M］.广州：广东省高等教育出版社，2018.

［12］韩玉.课程实施与教学方法［M］.北京：中国人民大学出版社，2024.

［13］孔繁敏.应用型本科人才培养的实证研究：做强地方本科院校［M］.北京：北京师范大学出版社，2010.

［14］李婉琳.职业教育教学方法［M］.沈阳：沈阳出版社，2001.

［15］刘育锋.英国学徒制治理新体系研究［M］.北京：北京理工大学出版社，2019.

［16］彭宏春，田文芳.现代学徒制实施与评估［M］.北京：中国财富出版社，2020.

［17］人力资源和社会保障部职业能力建设司.中国特色企业新型学徒制工作指南［M］.北京：中国劳动社会保障出版社，2021.

［18］苏笑神.苏笑神品戏评戏集［M］.北京：中国戏剧出版社，2008.

［19］田恩舜.高等教育质量保证模式研究［M］.青岛：中国海洋大学出版社，2007.

［20］涂艳国.教育评价［M］.北京：高等教育出版社，2007.

［21］王世斌，潘海生，郄海霞.企业参与职业教育办学机制国际比较研究［M］.北京：北京师范大学出版社，2018.

［22］吴刚.工作场所学习与学习变革——基于项目行动学习（PBAL）的理论研究［M］.北京：中国人民大学出版社，2014.

［23］徐国庆，等.职业教育现代学徒制理论研究与实践探索［M］.北京：经

济科学出版社，2021.

［24］徐国庆，等.职业教育现代学徒制理论研究与实践探索［M］.北京：经济科学出版社，2021.

［25］徐涵，韩玉.基于学习成果的职业教育课程标准开发与实践［M］.北京：北京师范大学出版社，2021.

［26］徐涵，谢莉花.德国职业技术教育研究［M］.北京：北京师范大学出版社，2021.

［27］徐涵.工作过程为导向的职业教育理论与实证研究［M］.北京：商务印书馆，2013.

［28］严中华.学习成果导向高等（职业）教育专业与课程开发指南：基于OBE专业（群）认证与高水平建设［M］.北京：清华大学出版社，2020.

［29］赵志群.职业教育行动导向的教学［M］.北京：清华大学出版社，2016.

［30］曹晔.职业技术师范教育"三性"办学特色辨析［J］.职业技术教育，2012，33（25）.

［31］曾天山，陆宇正.面向现场工程师培养的职业本科专业设置：助推逻辑与优化方位［J］.国家教育行政学院学报，2023（7）.

［32］程豪.我国中小学综合实践活动课程开发模式研究：基于ADDIE课程教学模型［J］.当代教育与文化，2018，10（2）.

［33］程泽瀛，韩玉.基于SWOT分析的中国特色高层次学徒制人才培养模式探索［J］.教育与职业，2023（9）.

［34］单文周，李忠.现代学徒制试点中双导师制：内涵、瓶颈及路径［J］.社会科学家，2019（8）.

［35］邓军，李天和，冯大福，等.高职工程测量专业实习实训基地建设的研究与实践［J］.实验室研究与探索，2008（10）.

［36］杜世禄.高职院校校外实训基地建设的思考［J］.教育发展研究，2007

（Z1）.

[37] 杜中一.高职校企共建生产性实训基地运行中存在的问题、原因及对策[J].现代教育管理,2015(3).

[38] 段锐杰.企业家与优秀企业文化的建设[J].山西财经大学学报,2012,34（S4）.

[39] 关晶.现代学徒制办学模式：内涵、现状与发展策略[J].职教论坛,2018（6）.

[40] 郭存,何爱霞.基于ADDIE：高素质农民培训实施机制与优化路径：以庄户学院为个案[J].教育学术月刊,2022（2）.

[41] 贺红星.e-Learning实践对教学设计理论的诉求及其对策[J].电化教育研究,2012,33（9）.

[42] 贺伟,龙立荣.大学毕业生专业对口就业指标体系的构建[J].教育研究与实验,2009（1）.

[43] 霍力岩,黄爽.表现性评价内涵及其相关概念辨析[J].西北师大学报（社会科学版）,2015（3）.

[44] 季俊杰.我国大学的"四因素"发展战略[J].现代教育管理,2010（6）.

[45] 姜大源.技术与技能辨[J].高等工程教育研究,2016（4）.

[46] 金晟男,武力超,薛洲,等.校企合作、企业创新与企业价值：来自高技术产业的新证据[J].南方经济,2023（10）.

[47] 李建兴.现代学徒制背景下"双导师"队伍建设问题的探索与实践[J].教育信息化论坛,2023（1）.

[48] 李捷,莫昕玮,陈劲.中国高技术人才素质能力实证研究[J].科学学与科学技术管理,2000（3）.

[49] 李金.现代学徒制中企业责任行为的漂浮与重构[J].职业技术教育,2024,45（13）.

[50] 李梦卿, 刘俏楚. 现代学徒制人才培养的基本诉求、价值向度与推进策略[J]. 职教论坛, 2018（6）.

[51] 李明磊, 王战军. 高等教育质量治理：从基本概念到体系组成[J]. 天津大学学报（社会科学版）, 2013, 15（2）.

[52] 李青, 闫宇. 实现能力和课程标准数据互换　推进能力本位教育——《IMS能力和课程标准互换规范》分析与解读[J]. 中国远程教育, 2020（9）.

[53] 李勇江, 李志义. 高层次学徒制人才培养模式的构成要素、基本特征与实践路径——基于扎根理论的质性研究[J]. 现代教育管理, 2023（12）.

[54] 李志义, 张小钢, 宫文飞, 等. 高校内部质量保障标准构建：策略、框架与要求[J]. 高等工程教育研究, 2023（4）.

[55] 梁宁森, 梁宇坤. 职业教育公共实训基地：功能定位、主要类型及优化发展策略[J]. 中国高教研究, 2018（2）.

[56] 林健. "卓越工程师教育培养计划"质量要求与工程教育认证[J]. 高等工程教育研究, 2013（6）.

[57] 林健. 卓越工程师培养的质量保障（上）[J]. 高等工程教育研究, 2013（1）.

[58] 林晓艳, 陈群, 王东星. 立体化卓越工程人才培养质量保障模式构建[J]. 黑龙江高教研究, 2014（10）.

[59] 林啸. 现代学徒制背景下职业教育双导师队伍建设的问题及策略研究[J]. 现代职业教育, 2021（48）.

[60] 刘虎沉, 王鹤鸣, 施华. 智能质量管理：理论模型、关键技术与研究展望[J]. 中国管理科学, 2024, 32（3）.

[61] 刘嘉俊, 胡巧真. 企业培训模型发展研究——基于ADDIE模型[J]. 企业经济, 2015（11）.

[62] 刘思晴, 吴向明. 英国学位学徒制标准制定、质量保障措施及对我国的

启示［J］.教育与职业，2023（7）.

［63］刘育峰.论学徒制的本质属性［J］.中国职业技术教育，2018（36）.

［64］刘育锋.中国特色学徒制探索［J］.中国职业技术教育，2021（12）.

［65］刘追，刘佳.基于 ADDIE 模型的系统培训模式研究［J］.中国人力资源开发，2012（9）.

［66］骆永华，谭绍华，陈良华.校园学徒制：职业院校推进现代学徒制的校本探索——以重庆市九龙坡职业教育中心的实践为例［J］.中国职业技术教育，2021（19）.

［67］马良军，刘淑静，段晗晗，刘雅丽，张颖.国际高层次现代学徒制发展探析——基于英国、德国与美国的比较［J］.职业技术教育，2022，43（1）.

［68］宁虹.教师能力标准理论模型［J］.教育研究，2010（11）.

［69］平静.现代学徒制背景下的高职院校师资队伍重构［J］.思想政治课教学，2021（3）.

［70］秦程现，任永波.中国特色学徒制学习环境模型的建构研究［J］.中国职业技术教育，2023（2）.

［71］阙明坤.教师转型：应用型本科院校高质量发展的关键［J］.中国高等教育，2022（23）.

［72］冉云芳，石伟平.企业参与现代学徒制：动机、行为与非货币化收益的关系研究［J］.华东师范大学学报（教育科学版），2023，41（1）.

［73］宋永涛.权变因素影响下的中国企业质量管理实践研究［J］.统计与信息论坛，2013，28（9）.

［74］孙日强，石伟平.国际视野下学徒制质量保障的实践举措与制度框架研究［J］.职教论坛，2015（25）.

［75］孙云志.高职远程共享型实训基地建设：进路、逻辑及推进路径［J］.现代教育管理，2013（12）.

［76］汤丰林，申继亮．基于问题的学习与我国的教育现实［J］．比较教育研究，2005（1）．

［77］王奥轩，李广，苑昌昊．教育实习表现性评价的国际实践［J］．外国教育研究，2021，48（6）．

［78］王丹，赵文平．现代学徒制中企业课程内容与教学过程分析——基于工作场所学习理论的视角［J］．职教论坛，2019（4）．

［79］王勉青．自主技术创新的文化供给［J］．科技与法律，2009（3）．

［80］王翼飞，李春明．中国特色学徒制的逻辑起点、运行机制与实践路径［J］．教育与职业，2022（20）．

［81］吴娟，马宁，何克抗．人类绩效技术与教学系统设计的比较分析［J］．电化教育研究，2005（8）．

［82］肖凤翔，付小倩．职业能力标准演进的技术实践逻辑［J］．西南大学学报（社会科学版），2018（6）．

［83］邢菲，刘晓．制造业转型升级背景下的现代学徒制：困境与突围［J］．职教论坛，2017（13）．

［84］徐国庆．我国职业教育现代学徒制构建中的关键问题［J］．华东师范大学学报（教育科学版），2017（1）．

［85］徐涵，王鸿．德国职业培训中广泛应用的新方法：引导性课文方法［J］．职教论坛，1994（9）．

［86］徐涵．从制度层面看我国职业教育教师的专业化发展［J］．教育与职业，2007（7）．

［87］徐兰．适应性背景下深化职业教育企业办学主体的优化路径——基于德国双元制比较视角［J］．教育理论与实践，2021，41（36）．

［88］徐晔．企业参与校企合作的三维遴选指标体系构建研究——基于发达国家遴选企业的经验［J］．职教论坛，2021，37（3）．

[89] 杨金土. 对高等技术教育课程设计的若干理论认识[J]. 中国高等教育, 2002（21）.

[90] 杨晓宏, 张红卓, 杨婧. 基于ADDIE的教师培训流程模型构建[J]. 现代教育技术, 2012, 22（3）.

[91] 张碧娴. 德国双元制职业教育师资培养模式的实践与启示[J]. 职教通讯, 2018（17）.

[92] 张启富. 高职院校试行现代学徒制：困境与实践策略[J]. 教育发展研究, 2015, 35（3）.

[93] 张亚群, 王毓. 论高等教育的专业性与通识性[J]. 中国地质大学学报（社会科学版）, 2016, 16（4）.

[94] 张祖忻. 从教学设计到绩效技术[J]. 中国电化教育, 2000（7）.

[95] 章鸿雁, 赵鹏飞, 杨敏, 等. 现代学徒制企业课堂的定位、构建和评价研究[J]. 中国职业技术教育, 2019（2）.

[96] 赵鹏飞, 刘武军, 罗涛, 等. 现代学徒制中国实践、国际比较与未来展望[J]. 职教论坛, 2021, 37（12）.

[97] 赵鹏飞, 刘武军, 罗涛, 等. 推行中国特色学徒制四大关键问题的思考——基于新《职业教育法》的实施背景[J]. 中国职业技术教育, 2022（19）.

[98] 赵志群, 陈俊兰. 现代学徒制建设：现代职业教育制度的重要补充[J]. 北京社会科学, 2014（1）.

[99] 赵志群. 建设现代学徒制的必要性与实现路径[J]. 人民论坛, 2020（9）.

[100] 赵中建. 戴明的质量管理思想及其在教育中的应用[J]. 外国教育资料, 1998, 27（1）.

[101] 周凤华, 邓文辉. 职业教育评价研究与实践的主要内容、特色亮点及未来改革重点——2022年职业教育国家级教学成果奖"评价改革"主题获

奖成果分析[J].中国职业技术教育,2023(27).

[102]关晶,石伟平."现代学徒制"为何国际上受青睐[N].中国教育报,2014-09-29(6).

[103]陆娅楠.我国将培育产教融合型企业 企业大合唱创新动力强[N].人民日报,2019-04-04.

[104]教育部.教育部关于职业院校专业人才培养方案制订与实施工作的指导意见[EB/OL].http://www.moe.gov.cn/srcsite/A07/moe_953/201906/t20190618_386287.html.

[105]教育部.教育部关于实施卓越工程师教育培养计划的若干意见[EB/OL].(2011-01-08)[2023-2-20].http://www.moe.gov.cn/srcsite/A08/moe_742/s3860/201101/t20110108_115066.html.

[106]教育部等六部门.教育部等六部门关于印发《职业学校校企合作促进办法》的通知[EB/OL].(2018-02-05)[2023-02-20].http://www.moe.gov.cn/srcsite/A07/s7055/201802/t20180214_327467.html.

[107]人力资源社会保障部,财政部.人力资源社会保障部 财政部关于全面推行企业新型学徒制的意见[EB/OL].(2018-10-12)[2024-05-15].https://www.gov.cn/zhengce/zhengceku/2018-12/31/content_5433916.htm.

[108]中华人民共和国中央人民政府.中华人民共和国国民经济和社会发展第十四个五年规划和2035年远景目标纲要[EB/OL](2021-03-13)[2023-05-16].https://www.gov.cn/xinwen/2021-03-13/content_5592681.htm.

[109]国务院学位委员会.关于做好本科层次职业学校学士学位授权与授予工作的意见[EB/OL].(2021-11-18)[2023-11-18].http://www.moe.gov.cn/srcsite/A22/yjss_xwgl/moe_818/202112/t20211203_584502.html.

[110]教育部办公厅等五部门.教育部办公厅等五部门关于实施职业教育现场工程师专项培养计划的通知[EB/OL].(2022-10-09)[2023-

03-04].http://www.moe.gov.cn/srcsite/A22/yjss_xwgl/moe_818/202112/t20211203_584502.html.

[112] 中共中央办公厅,国务院办公厅.深化新时代教育评价改革总体方案[EB/OL].(2020-10-13)[2022-11-16].https://www.gov.cn/zhengce/2020-10/13/content_5551032.htm.

[113] 汪文正.2022年,全国规上工业增加值同比增长3.6%——工业经济回稳向好[EB/OL].(2023-01-30).https://www.gov.cn/xinwen/2023-01/30/content_5739125.htm.

[114] 国务院办公厅.国务院办公厅关于深化产教融合的若干意见[EB/OL].(2017-12-05)[2023-02-20].https://www.gov.cn/zhengce/content/2017-12/19/content_5248564.htm.

[115] 教育部.教育部办公厅关于开展职业教育校企深度合作项目建设工作的通知[EB/OL].(2018-10-25)[2023-02-20].https://www.gov.cn/zhengce/zhengceku/2018-12/31/content_5441510.htm.

[116] 教育部.教育部办公厅关于全面推进现代学徒制工作的通知[EB/OL].(2019-05-15)[2023-02-20].http://www.moe.gov.cn/srcsite/A07/s7055/201906/t20190603_384281.html.

[117] 教育部.教育部关于实施卓越教师培养计划的意见[EB/OL].(2014-08-19)[2023-02-20].www.moe.gov.cn/srcsite/A10/s7011/201408/t20140819_174307.html.

[118] 全国人民代表大会常务委员会.中华人民共和国职业教育法[EB/OL](2022-04-20)[2023-05-16].https://www.moe.gov.cn/jyb_sjzl/sjzl_zcfg/zcfg_jyfl/202204/t20220421_620064.html.

[119] 中共中央办公厅,国务院办公厅.关于加强新时代高技能人才队伍建设的意见[EB/OL](2022-10-07)[2023-05-16].https://www.gov.cn/

zhengce/2022-10/07/content_5716030.htm.

［120］中共中央办公厅，国务院办公厅.关于推动现代职业教育高质量发展的意见［EB/OL］（2021-10-12）［2023-05-16］.https://www.gov.cn/zhengce/2021-10/12/content_5642120.htm.

［121］教育部.教育部办公厅关于全面推进现代学徒制工作的通知［EB/OL］.（2019-05-15）［2023-10-13］.http://www.moe.gov.cn/srcsite/A07/s7055/201906/t20190603_384281.html.

［122］教育部.职业教育"五个对接"［EB/OL］.（2012-09-03）［2024-02-11］. http://www.moe.gov.cn/jyb_xwfb/moe_2082/s6236/s6811/201209/t20120903_141507.html.

［123］教育部.教育部关于开展现代学徒制试点工作的意见［EB/OL］.（2014-08-27）［2024-05-08］.https://www.moe.gov.cn/srcsite/A07/s7055/201408/t20140827_174583.ht.

二、外文文献

[1]Allen C W .Overview and Evolution of the ADDIE Training System[J]. *Advances in Developing Human Resources*, 2006,8(4):430-441.

[2]Benjamin S ,Vicente G ,Cheri O , et al.Organizational Climate and Culture: Reflections on the History of the Constructs in the Journal of Applied Psychology[J]. *The Journal of Applied Psychology*, 2017,102(3):468-482.

[3]Little B , Brennan J .A Review of Work Based Learning in Higher Education[J]. *Department for Education & Employment*,1996.

[4]Molenda M .In Search of the Elusive ADDIE Model[J]. *Performance*

Improvement, 2003,42(5):34−36.

[5]Moust C H J ,Berkel V M J H ,Schmidt G H .Signs of Erosion: Reflections on Three Decades of Problem−Based Learning at Maastricht University[J]. *Higher Education*, 2005,50(4):665−683.

[6]Savery R J .Overview of Problem−based Learning: Definitions and Distinctions[J]. *Interdisciplinary Journal of Problem-Based Learning*, 2006,1(1):12−14.

[7]Taormina J R .Organizational Socialization: the Missing Link between Employee Needs and Organizational Culture[J]. *Journal of Managerial Psychology*, 2009,24(7):650−676.

[8]International Labour Organization. Digital toolkit for quality apprenticeships[EB/OL].(2023−02−22)[2023−04−16].https://www.ilo.org/global/topics/apprenticeships/publications/toolkit/system−and−policy−level/regulatory−framework/qa−system/lang−en/index.htm.

[9]Università degli Studi Roma Tre. Apprendistato di Alta Formazione Ricerca vademecum[EB/OL].(2019−07−10)[2023−02−27]. https://www.uniroma3.it/?hd=Zm1ydDZ3d1Y1Zk5aejBoRmthTXdxZz09.

[10]Giz. Modelle Dualer Hochschulbildung[EB/OL].(2021−02−01)[2021−11−06].https://www.giz.de/en/downloads/giz2021−de−modelle−dualer−hochschulbildung.pdf.

[11]Apprenticeship.Guides and fact sheets[EB/OL].(2021−02−02)[2024−04−11]. https://www.apprenticeship.gov/ resource−hub/guides−and−fact−sheets#top−RACC_fact sheet pdf.

[12]IfATE.The Quality Strategy[EB/OL].(2021−10−09)[2024−04−11].https://www.instituteforapprenticeships.org/quality/ the−quality−strategy/.